仏教の救い／4

アジャセ王の帰仏に学ぶ

池田勇諦

王舎城の悲劇（前巻までの流れ）

「仏教の救い」では、浄土真宗の宗祖親鸞聖人が主著『教行信証《きょうぎょうしんしょう》』の信巻《しんのまき》に長々と引用された「王舎城《おうしゃじょう》の悲劇」を中心に、講義を収録してきました。古代インド・マガダ国のビンバシャラ王は、長い間子供が授からず、占いで「山に住む仙人が亡くなれば子となって生まれ変わる」と告げられ、結果的に仙人を殺してしまいます。予言通り后のイダイケは懐妊しますが、生まれてくる子は仙人の呪いにより将来危害を加えると聞き、悩んだ末、高殿から産み落としました。しかし赤ん坊は小指を折るだけで奇跡的に助かり、思い直した夫婦はその後、愛情を持って育てました。この子がアジャセ（阿闍世）太子です。

成長したアジャセに、お釈迦様のいとこで教団乗っ取りを企むダイバダッタが近付き、出生の秘密を告げます。怒ったアジャセは父ビンバシャラ王から王位を奪い、牢屋に入れて殺害。母イダイケまでも牢屋に閉じ込めます。ところがその後、アジャセは父王の深い愛情を知り、激しい後悔と罪悪感に襲われ、それが原因で高熱を発し全身に腫れ物が出来てしまいます。そして、ギバ大臣の勧めによってアジャセはお釈迦様を訪ね、初めてその教えに触れたのです。

【前巻までの講義の内容】

「仏教の救い　1」

第1講　なぜ経典を学ぶのか　～信心に導き入れる道標～

第2講　何を根拠にして生きるのか　～己自身ほどあてにならぬものはない～

第3講　真仏弟子の道に立つ　～親殺しの悪人とは自分自身のことであった～

「仏教の救い　2」

第4講　王舎城の悲劇はなぜ起こったのか（上）　～生きることのもつ「悲惨」を見つめる～

第5講　王舎城の悲劇はなぜ起こったのか（下）　～背景にある差別を自らに問う～

第6講　血は無明　～それは本当に愛情なのか～

「仏教の救い　3」

第7講　人間性の放棄と確保　―六師の詭弁とギバの勧導―

～慚愧により自らの無明が知らされ～

第8講　仏陀の大悲心　―如来の密義と月愛三昧―

～願われている私に気付き、歩み始める～

第9講　釈尊の説法　～分別の落ち込みから自力無功の目覚めへ～

仏教の救い 4

アジャセ王の帰仏に学ぶ

目次

第11講　アジャセの回心（中）　―回心の体験は―
行き詰った今、一念、一瞬、聞こえてくださる

第12講　アジャセの回心（下）　―新しい関係―

自分を問う他者の存在が見えてくる

第10講

アジャセの回心（上）

――無根の信――

毒樹のような私から、香木の芽が吹いた

古代インドのマガダ国の王、アジャセ王は罪なき父の王を殺《あや》めたという罪責感から、深い深い後悔の念を生じることになりました。その後悔の念が、アジャセ自身の劣等感になっていき、「取り返しのつかないことをした。もう、自分は駄目だ」と、今日で言うなら、引きこもりのような状態になってしまいます。外からどんな言葉をかけてもらっても、一切聞けない状態になったのです。

そういうアジャセに対して、お釈迦様は説法を始められます。お釈迦様のアジャセを想う大悲心から説きいだされた教えによって、アジャセは繫縛《けばく》、束縛から抜け出て、お釈迦様の教えを受け止めます。そしてそこからが「アジャセの回心《えしん》」を説く段に入っていきます。

真宗聖典（東本願寺出版部発行）の265ページの5行目からを一読します。

世尊、我世間を見るに、伊蘭子《いらんし》より伊蘭樹《いらんじゅ》を生ず、伊蘭より栴檀樹《せんだんじゅ》を生ずるをば見ず。我今始めて伊蘭子より栴檀樹を生ずるを見る。「伊蘭子」は、我が身これなり。「栴檀樹」は、すなわちこれ我が心、無根《むこん》の信なり。「無根」は、我初めて如来を恭敬《くぎょう》せんことを知らず、法・僧を信ぜず、これを「無根」と名づく。世尊、我もし如来世尊に遇《もうあ》わずは、当《まさ》に無量阿僧祇劫《むりょうあそうぎこう》において、大地獄《だいじごく》に在《あ》りて無量の苦を受くべし。我今仏を見たてまつる。これ仏を見るをもって得《う》るところの功徳、衆生《しゅじょう》の煩悩悪心《ぼんのうあくしん》を破壊《はえ》せしむ、と。仏の言《のたま》わく、「大王、善いかな、善いかな、我いま、汝《なんじ》必ずよく衆生の悪心を破壊することを知れり。」「世尊、もし我審《あきら》かによく衆生のもろもろの悪心を破壊せば、我常に阿鼻地獄《あびじごく》に在りて、無量劫《むりょうこう》の中にもろもろの衆生のために苦悩を受けしむとも、もって苦とせず。」その時に摩伽陀国《まかだこく》の無量の人民《にんみん》、ことごとく阿耨多羅三《あのくたらさん》藐三菩提心《みゃくさんぼだいしん》を発《おこ》しき。かくのごときらの無量の人民、大心を発《ほっ》するをもってのゆえに、阿闍世王所有《あじゃせおうしょう》の重罪、すなわち微薄《みはく》なることを得しむ。王および夫人《ぶにん》、後宮《こうきゅう》・采《さい》女《にょ》、ことごとくみな同じく阿耨多羅三藐三菩提心を発《おこ》しき。その時に阿闍世王、耆婆《ぎば》に語りて言わまく、耆婆、我いま未《いま》だ死せざるにすでに天身を得たり。短命《たんみょう》を捨てて長命《じょうみょう》を得《え》、無常の身を捨てて常身を得たり。もろもろの衆生をして阿耨多羅三藐三菩提心を発せしむ。　乃至　諸仏の弟子、この語《ことば》を説き已《おわ》りて、すなわち種種《しゅじゅ》の宝幢《ほうどう》をもって、乃至　また偈頌《げじゅ》をもって讃嘆《さんだん》して言《もう》さく、

アジャセ王　ダイバダッタにそそのかされて、父であるビンバシャラ王を殺し、母イダイケまでも牢屋に入れてしまうが、前非を悔いて、仏陀に帰依した人。

大悲心　衆生を救う大きなあわれみの心。

(「世尊よ、私がこの世を見たかぎり、悪臭を放つ伊蘭の樹が生えるのであって、伊蘭の子《たね》から伊蘭の子から芳香を放つ栴檀の樹が生えるのは見たことがありません。しかし、私は今はじめて伊蘭の子から栴檀の樹が生えるのを見ました。「伊蘭の子」とは、我が身そのものです。「栴檀の樹」とは、とりもなおさず我が心に生じた無根の信です。「無根」とは、最初、私は如来を恭敬することを知らず、法《おしえ》や僧伽《さんが》を信じていませんでした。だからこれを「無根」というのです。世尊よ、私がもし世に尊き如来にお遇いしなかったら、本当に量りしれない長い劫《とき》にわたって、大地獄に身をおいて量りしれない苦しみを受けることになったでしょう。私は今仏《みほとけ》を見たてまつりました。こうして仏を見たてまつることによって得た功徳が、衆生の煩悩や悪心を破壊するのです」と。仏はこう言われた。「大王よ、善きことに気づかれた。私は今、汝が必ず衆生の悪心を破壊することができると知った」。「世尊よ、もし私が一つものこさず衆生のさまざまな悪心を破壊することができるならば、私は常に無間地獄にあって、量りしれない劫にわたって、あらゆる衆生のためにこの身に苦悩を受けましょう、それを決して苦とはしません」。その時、マガダ国の数限りない人民《ひとびと》が、一人のこらず阿耨多羅三藐三菩提心を発《おこ》した。このような数限りない人民が大いなる菩提心を発したので、阿闍世王が背負ってきた重罪はたちまち軽くなっていった。阿闍世王と韋提希夫人、および後宮につかえる女官たちもすべてみな、同じように阿耨多羅三藐三菩提心を発した。その時に阿闍世王は耆婆にこう語った。「耆婆よ、私は今まだ死んだ身ではないが、すでにきよらかな身を得たのである。短命を捨てて長命を得、無常なる身を捨てて常にかわることのない身を得たのである。もろもろの衆生に阿耨多羅三藐三菩提心を発させよう」。乃至　諸仏の弟子となった阿闍世王は、この語を説きおわってすぐに、いろいろな宝でかざられた幢《はたほこ》をかかげて　乃至　さらに偈頌《うた》で讃嘆してこう申し上げた。）

（現代語訳は真宗大谷派教学研究所編集の『解読教行信証　上巻』（東本願寺出版部刊）による。以下同じ）

私に生じるはずのない信が生じた

この「アジャセの回心」の段では、アジャセは「無根の信」の告白をしたわけです。これを、「伊蘭子《いらんし》より栴檀樹《せんだんじゅ》を生じた」ような事柄だ、と表現しています。伊蘭子とは伊蘭樹の種子です。伊蘭という木はインドの毒樹です。悪臭は強いが花は赤く大変美しい木ですが、その実を口にした者は、発狂しついには死に至ると言われています。

反対に栴檀樹は香木です。この香木が芽を出すと芳《かんば》しい香りを放ち、その香りは伊蘭樹が発する悪臭を消してしまう。そしてその場所を芳香の領域にする不思議な樹木です。

アジャセは比喩として、伊蘭子とは私のことだと言います。貪欲《とんよく》、瞋恚《しんに》、愚痴《ぐち》の悪臭を放つ、その根を持っている私のことです。その私の上に、仏さまの木である栴檀樹が生じたようなものだ。だから私の上には今、「無根の信」、文字の通り根がない信が生じました、と言っているのです。

自らには、根といえば毒樹である伊蘭の根しかない、その我が身の上に香木である栴檀樹の芽がふいたようなものだ、とアジャセは言っているのです。「今、仏陀の慈愛あふれる御説法に接して、本当に自分が目覚めねばならない事柄を知らされました」という驚き、感動の表現が「無根の信」という言葉で語られているのです。

お釈迦様の御説法は「あなたは業縁《ごうえん》によって、父王を殺めるという事実を生じた。けれどもそれは、あなたの思いを超えた、因縁《いんねん》に運ばれておる出来事である。にもかかわらず、それをあなたは私有化して、その私有化した事実を、私有化した意識のごとくに関わろうとして、かえってあなたは苦しんでいる。つまり、あなたはそういう自分に対する捉われ、自分が考えた自分の受け止め方にがんじがらめになっているのです。そういう在り方から抜け出ることこそ、あなたが本当に明るい道を求め歩む第一歩ですよ」と、強く訴えておられます。だからこそ、アジャセは今、このような比喩でもって、自らの告白を「無根の信」と述べたのです。この「無根」という比喩によってアジャセが述べている内実は何であったのか？　そこに注目しなければなりません。

治らない3つの病、五逆、謗法、闡提

真宗聖典の271ページの終わりから2行目です。

ここをもって、今大聖《だいしょう》の真説に拠《よ》るに、難化《なんけ》の三機・難治《なんじ》の三病は、大悲《だいひ》の弘誓《ぐぜい》を憑《たの》み、利他の信海に帰すれば、これを矜哀《こうあい》して治《じ》す。これを憐憫《れんびん》して療《りょう》したまう。たとえば醍醐《だいご》の妙薬《みょうやく》の一切の病を療するがごとし、濁世《じょくせ》の庶類《しょるい》・穢悪《えあく》の群生《ぐんじょう》、金剛不壊《こんごうふえ》

貪欲　むさぼりの心。瞋恚、愚痴、と合わせて三毒の煩悩という。

瞋恚　怒りの心。

愚痴　真理に対する無知の心。存覚が「貪欲を生じ瞋恚をおこすことも、そのみなもとをいえば、みな愚痴よりいでたり」と述べるように、三毒の根源は癡であるとされる。

の真心を求念《ぐねん》すべし、本願醍醐《ほんがんだいご》の妙薬を執持《しゅうじ》すべきなりと。知るべし。
(ここにいたって今、大聖釈尊の真《まこと》の説《おしえ》に拠《よ》れば、教化し難い三種の機、つまり治《なお》し難い三種の病にかかっている者たちは、大悲をもととしておこされた弘《ひろ》やかな誓いを憑《たの》みとして、利他の信海に帰すれば、これらの者を大いに矜《あわれ》み哀《かな》しんで治し、憐《あわれ》み憫《うれ》えて療《いや》してくださるのである。たとえば醍醐《だいご》の妙薬がすべての病を療すようなものである。濁りきった世に生きる者たち、穢れた悪にそまった群生《ぐんじょう》は、金剛のように壊れない真心を求め念ずるべきである。醍醐の妙薬たる本願をしっかりと持《たも》ちつづけるがよい、と。よく知るべきである。)

これは、『涅槃経《ねはんぎょう》』の現病品《げんびょうぼん》で、「難化《なんけ》の三機・難治《なんじ》の三病」ということが指摘されていたのを、親鸞聖人が自らの言葉として述べている一節です。

「難化の三機」は「教化《きょうけ》しがたき三つの機」。「難治の三病」は「治癒しがたき三つの病」という意味です。これはいずれも、「五逆《ごぎゃく》の罪」「謗法《ほうぼう》の罪」「一闡提《いっせんだい》の罪」です。これらを通常「逆謗闡提《ぎゃくほうせんだい》」と略称で申します。

「五逆」とは、私たちは関係を生きる存在であるにもかかわらず、その関係を破壊《はかい》する行為です。「父を殺し、母を殺し、阿羅漢《あらかん》を殺し、和合僧を破り、仏身から血を出す」という五つを見ると、結局、私たちの命を生み育て人と成す恵みに対する背信の行為です。アジャセの場合ですと、罪なき父を殺めたわけですから、行為として実際に表れたのですが、私たちが「五逆」と聞きますと、行為というよりも、関係を破壊するそういうものが、常に自分の中に燃えているのではないかと自省させられます。

謗法というのは真理の否定です。これは二重になっています。まず命の私有化です。「俺の命だ」と、命を私《わたくし》している。さらに、その命の私有化の闇を照らし破ってくださる教法に対しても同じく私有化する。「念仏で助かろう」と。この二重の罪、二重の否定です。

この五逆と謗法の二つは、「罪の果実」と言ってよいでしょう。

涅槃経　釈迦の入滅（涅槃）についての意義を説く経典類の総称である。原始経典の涅槃経から大乗経典の涅槃経まである。

一闡提（闡提）　断善根のこと。信不具足とも訳す。仏になる因がないものをいう。この場合アジャセを意味する。

逆謗　五逆と謗法のこと。人間の持っている本質的罪を表す。

道を求める心が断たれている「一闡提」

対して「闡提（一闡提）」というのは、「罪の根」なのです。ですから「度《ど》し難《がた》き三つの機」とか「治し難き三つの病」といわれる、「逆謗闡提」は、「一闡提」に集約されるといえます。

アジャセは、「私には伊蘭樹の根しかない。その私に栴檀樹の芽がふいた。私に根がないのに現れた。だから無根の信である」と言いました。そこには「一闡提」ということに対するアジャセの自覚があるということを、しっかりと聞きとらねばなりません。

一闡提とは、icchantika（イッチャンティカ）というサンスクリットの音写です。発音を漢字に写したものです。この言葉の意味の漢訳は「断善根」、善根が断たれていると。善根とは何か？　それは宗教心、あるいは求道心《ぐどうしん》、これまでに出た言葉でいうと「善心」です。「仏陀は一切衆生《いっさいしゅじょう》の善心を見そなわすのみだ」とありました。生まれだとか、仕事だとか、性別とか、年齢とか、そんなことは一切問わない。ただ善心を問題にされるということが出ていたでしょう。（「仏教の救い　3」）

つまり、善根が断たれているということは、宗教心、道を求める心が断たれているということです。宗教心や求道心とは、一言でいえば、自分が、社会が、問題になる心です。「本当に自分はこんな生き方をしていていいのか」と、自らに問う心。自らを痛む心です。「一闡提＝断善根」とは、それが喪失されているということでしょ。

「一闡提」とは、もともと自覚語です。仏典の言葉はどれも自覚語です。教えに遇って、それを自覚せしめられたところに生まれてきている言葉ですから。教えに遇うことがなかったら、五逆だ、謗法だ、一闡提だなどと分かるはずもないんです。だから自覚語であるということからすると、一闡提、断善根、宗教心が欠如している人間とは、自分の外に眺める話じゃないんです。教えに遇いながら、その教えに遇っておる足元において、断善根と言われるような自分の体質が知らされてくる。そういうことが我々の日常生活に強くあるのではないでしょうか。教えに遇いながら、宗教心、求道心を全く欠落したような自分の在り方、体質です。どんなことに会ってもけろっとしている。

もっと具体的なことを言うと、例えば、自らは「差別するなどとんでもない誤りである」と知りながら、そうした事柄が周りでいくら行われていても無関心な状態でいる。それがまた一闡提の根深さじゃないでしょうか。お釈迦様が「殺してはならぬ」「殺させてはならぬ」とおっしゃったのは、皆さんも良くご存知でしょう。ところが私たちは「殺させてはならぬ」というところに対して無関心なんですね。本当に一闡提というのは私の体質的なことなのです。

死に至る病、「逆謗の屍骸」

この一闡提について、「必死の一闡提」という言葉があります。つまり死においてしか終わらない病ということです。努力したら消滅することができるとか、心がけたら除くことができるとか、そんなものじゃない。私は、西洋の実存哲学で言われるキルケゴールの「死に至る病」を思い起こします。これはよく読まれている書物の題名でもありますが、「死に至る病」とは、ここでいう一闡提の問題でないでしょうか。

そこを親鸞聖人に聞きますと、『高僧和讃』の曇鸞《どんらん》章に次のような和讃があります。

名号《みょうごう》不思議の海水《かいしい》は　逆謗の屍骸《しがい》もとどまらず
衆悪《しゅあく》の万川《ばんせん》帰《き》しぬれば　功徳のうしおに一味《いちみ》なり　（真宗聖典493ページ）

（本願名号の海には　屍骸の如き逆謗の人も回心《えしん》して信心の行者となり、その屍骸が残らない。

万川が海に入って同一の鹹味となる如く、諸悪が名号海中に入ってしまうと、その功

徳に一体化する)

「逆謗の屍骸」という言葉が出ました。親鸞聖人は、「必死の一闡提」を「逆謗の屍骸」とまで徹底して詠い表しておられます。半ば死んでおるというような話ではありません。仮死状態でもない。死んでしまっている、屍《しかばね》なんです。この一闡提を引きずっておる私のことを、逆謗の屍骸と言い当てられておるのです。

実存哲学　人間の現実的存在（主体的事実存在）を中心に思想を行う哲学のこと。合理主義（理性主義）と実証主義に対抗して起きてきた思想。

キルケゴール　１８１３―１８５５。デンマーク。実存哲学の創始者。

死に至る病　キルケゴールの著書。死に至る病は絶望のことで、人間の本質的に抱えている自己喪失を表す。

和讃　和語を用いて経典や佛・菩薩・高僧などを讃嘆するうたのこと。親鸞聖人の場合は浄土和讃・高僧和讃・正像末和讃などがある。

曇鸞　４７６―５４２。真宗七高僧の第三祖。北魏代の僧であり、中国浄土教の開祖とされる。四論の仏性義にすぐれ、『大集経』（だいじっきょう）の注釈に力を注いでいたが、その最中に病に倒れ、不老長寿の術を茅山の陶弘景について学び「仙経」を得て帰る途中、洛陽で菩提流支に出遇い、仏教にこそ不死の教えがあると諭され、『観無量寿経』を授けられた。そこで、曇鸞は「仙経」を焼き捨てて、浄土教に入った。

「大悲の弘誓を憑む」ほか救われる道はない

では、そんな一闡提が救われる道があるのか、ないのか。これが当然問題になってきます。『法華経』において、「闡提不成仏」ということが言われます。闡提は仏になれず、ということですが、一闡提にも救いの道はあるのか？　それが先程の親鸞聖人のお言葉です。

今大聖《だいしょう》の真説に拠《よ》るに、難化《なんけ》の三機・難治《なんじ》の三病は、大悲の弘誓《ぐぜい》を憑《たの》み、利他の信海に帰すれば、これを矜哀《こうあい》して治《じ》す。これを憐憫《れんびん》して療《りょう》したまう。

こう出ています。一闡提の救われる道。それはただ一つ。「大悲の弘誓を憑む」。「大悲の弘誓」は本願です。ここで「たのむ」と出てきますが、「頼む」ではありません。「弥陀をたのむ」と言った場合は「憑む」です。これは「依憑（えひょう、いひょう）」という熟語があるように、「よりどころとせよ」ということです。「大悲の弘誓をよりどころとせよ」ということです。大悲の弘誓を憑むほか一闡提が救われる道はないと。

「逆謗の屍骸を棄てて、大悲の弘誓を憑め」と。ところが、「逆謗の屍骸を棄てる」という、これがまた、すっと入ってきません。「逆謗の屍骸」とは己《おのれ》です。己自身を廃棄するなんてことができるんですか？　できっこないですよね。そうすると「棄」という字が表わしている意味は、どう表現すると一番よいのでしょうか？

逆謗の屍骸である自らに見切りをつける

「見切りをつけよ」。この響きが私にはします。私たちは、逆謗の屍骸でありながら、その事実に目覚めることなく自らをたのんでいるありかた。つまり「成せばなる」式で、何かまだ自分の「思い」（自力の心）が間にあうというありかたから離れられない。しかしこれは「死においてしか終わらない病」だと。ならば、私が生きている限りは引きずるしかありません。そこに気付かされることによって初めて、そういう自分をたのんで生きている生き方がひっくりかえされることです。

「弘誓を憑め」「本願の大地に立て」というのは、そのように、「逆謗の屍骸」と透見《とうけん》されている自分をよりどころとしない。まさしく立場の転換ですね。それを親鸞聖人は促してくださっているのでした。くり返しますが、「死においてしか終わらない病」を私たちは生きている。ならば、そういう自分をよりどころとして生きていることの無明《むみょう》さ、闇《くら》さ。

法華経　インド大乗仏教初期に成立した経典。特に鳩摩羅什訳『妙法蓮華経』は広く用いられている。

大悲の弘誓　衆生の苦を救わんとする大いなる願いのこと。弥陀の本願のこと。

回心懺悔《えしんさんげ》という言葉を使うなら、ここが本当に回心懺悔せしめられた中身でしょ。「こういう自分をよりどころとしてしか、生きていなかった自分だった」ということが知らされるところにだけ、これを抱えたままで、これを超えていく歩みをたまわっていく。そういう道です。

こういう私だからこそいよいよ聞き直してゆく

この点は肝要ですので、さらに念を押します。

「自らに見切りをつける」と申しました。「一闡提の我が身を棄てて、大悲の本願を憑め」と。これが親鸞聖人の私たちに対する最後のお勧めです。しかし言葉で聞くと「そんな、自分を棄てるなんてことができますか」と当然出ます。おっしゃるとおり、絶対廃《すた》らん。廃らん自分に、気づかせられるところにだけ、気づかせた光に向かって聞いていくしかない。なぜ念仏なのか、なぜ本願なのかの、聞法の原点に帰って確かめさせられていくしかないのです。

「こういう私だからだめです」とか、「いくら聞いても、お粗末で」ってそうじゃないんです。「こういう私だからこそ、いよいよ聞き直していくしかなかった」。その歩みですね。一闡提の自分をすてよ、それは廃らん。「大悲の弘誓を憑《たの》め」は、立脚地の転換。一闡提の自分をよりどころとするな、本願に立て。すてよは、それしかないんです。自らをたのみとしない。

現世利益を求める心は廃らないが、立場としない

一つの例をとって申し上げますと、現世利益《げんぜりやく》という問題があります。我々は現世の利益を追求する、そういうものはちゃんと持っています。これも私は一闡提の中身だと思います。仏法を聞いたら、「ああ、現世利益などというものは迷信や」とか「浅い話や」とか葬り去れるようなことではありません。

自分を照らされると、この世の利益《りやく》を追求するところから離れられん自分であることが見える。この身体を持っている限りはこの世の利益を追求する、そういう自分は無くなりません。無くなりっこない。

それじゃ、「現世の利益を追求する自分を棄てよ」ということはどういうことかと。廃

回心懺悔　邪悪不信の心を改め悔いて佛に帰依すること。

現世利益　この場合は、この世の利益（りえき）を追求すること。

らんじゃないか、と。そうです、廃りません。しかし、教えに遇って照らされたということは、「そういう体質は無くならないけれども、そういう体質の自分を立場としない」ということ、それだけははっきりする。現世の利益を追求するという、私の持っているそれを、自分の生きる立場としない。そのけじめです。

お念仏に遇わせていただいたところで、この世の利益を追求する心が動きづめではありませんか。病気になれば一刻も早く良くなりたい。都合が悪いことに出遭ったら解消したい。そういうものしかないんです。けれど、真理（因縁果の法則）を無視したエゴの物差しを、生きるよりどころとしない。そういう自分を生きる立場とする限り、流転しかない。よくよく自問いたしたいところですね。

最後は一人ひとりの宿善

「言葉では分かります。けれども今一つ自分が明るく晴れない」とおっしゃるならば、それは一人ひとりの「宿善《しゅくぜん》まかせ」としか申し上げようがありません。教えはそこまではっきりと私たちに言ってくださっているわけですから。その教えに遇わせていただいて本当に晴れるか晴れないかは、一人ひとりの宿善です。それは厳粛です。これは私たちが最後に突き当たる問題ですね。

もちろん、可能な限り分かるように話さねばならないし、また聞かねばならないということは、もちろんありますが、それによって本当に自分に開かれるか開かれないかということは、一人ひとりのご縁です。ということは、あなた自身の求めていらっしゃる姿勢です。そこで決まってきます。もっとはっきり言ったら、付き合いで聞いとるのか、何が何でもここはひとつはっきりさせなきゃならん、と聞いているのか。そこの問題です。

十のものとするならば、九つまでは導いていただくということがあります。ところが最後の一つ、うなずけるかうなずけないか。話は分かったけれども、本当にそこで自分の目が開くか開かないか、という最後の一つは、一人ひとりの宿善です。第三者の手の入らないところです。これは厳粛なところですね。

教えて教えられるものなら仏法なんて簡単なものですよ。いくら教えてもらっても、教えてもらえないものが残るんです。最後まで。そこが一人ひとりのご縁です。だから親鸞聖人が「たまたま行信《ぎょうしん》を獲《え》ば、遠く宿縁を慶《よろこ》べ。」（『教行信証』総序）とおっしゃったと

宿善　宿世の善業のこと。

いうのは、そういうことではないでしょうか。その意味では、聞き得られたかどうかということは、自分しか分からんことでしょう。腹がふくれたかふくれんかは、自分しか分からないんです。

「もろもろの衆生のために」という道が開かれる

話を戻しますと、アジャセの回心《えしん》というものは、徹底した自らの体質の自覚なのです。そこでは、我々の善悪の計らいとか、倫理道徳的なものはふっとんでしまいます。何か、私が自我意識で思い描いているような、何かを得て明るくなるとか、救われるとか、そんなことを夢見てる、そういう自分が根底からひっくり返される。まさに「死に至る病」に私を気づかせてくださる。それが南無阿弥陀仏の極まりです。

しかし、それで回心の問題がすべて言い尽くされたというわけにはいきません。もう一つ大事なことがあります。「無根の信」ということで、本当の智慧の眼をアジャセは聞きえました。つまり主体の確立です。その主体の確立によって開かれてきた道として表れてくるのが「もろもろの衆生のために」という告白です。これがアジャセの回心の今一つの側面です。

「一闡提の自覚」がアジャセの回心の核心

真宗聖典の255ページの終わりから2行目に「愁悩《しゅうのう》を生ずる者なし」という言葉が見えます。これは六師外道《ろくしげどう》の言葉です。

アジャセは罪なき父を殺《あや》めたということで、罪責感から後悔、さらに劣等感、そして引きこもりという形で沈んでいたわけです。六師外道は、「何もあなたが悩むことはありませんよ。必要悪として、父の王を殺めたという王様はこれまでにも、このような例がありますよ」と、名前を列挙します。そして、「そういう罪を犯したけれども、誰一人としてあなたのように愁悩を生じている者はありません」という形で「愁悩を生ずる者なし」という言葉が出てくるわけです。これがまさに「一闡提《いっせんだい》」なんです。どういうことに出遇っても、痛み、悲しむ心を生じない。それこそ先程から言うように、けろっとしておるんです。

その体質にアジャセが徹底して自覚せしめられたということです。そこに初めて、アジャセは、自らにそれを気づかしめた大悲の弘誓《ぐぜい》に生きるという生き方が始まった。もう落ち込んでなんかいられない、そういう歩みをたまわった、それが始まったのです。「一闡提の自覚」ということを、皆さん、よくよくかみしめていただきたいのです。これはアジャセの回心の核心ですからね。無根ということの内実です。我が身を一闡提のものとして見出すことです。そこで初めて、アジャセに信心の智慧、智慧の眼《まなこ》が与えられてきたということが言えるわけです。

親鸞聖人はそういう出来事を「開慧眼《かいえげん》」と詠っておられます。「智慧の眼を開く」ということです。我々が教えに遇って目覚めるとは、「智慧の眼が開く」ということです。何かに私が成るとか、そういう話ではありません。眼が開く、つまり何が真実か、何が偽りか、ということがきちっと見ていける智慧の眼を聞かせていただいたということです。

だから、その眼から見えていくものが、そこにはある。「もろもろの衆生のために」という告白をしているということは、ここで、アジャセには他者が視野に入ってきたということです。「無根の信」に目覚めたとは、単なる個人的な心境の変化で終わるような事柄ではありません。自己に対する確かな見開きは、「他者がはっきりと視野に入ってくる」という側面があるのです。

智慧の眼が開けば、社会の問題が視野に

この問題は、展開をしていきますと、社会の問題と真宗門徒という課題につながります。

そのことを、「アジャセの回心」がすでに私たちに語っています。こう言うと、「社会の問題なんて、仏法じゃないでしょ」という感覚が支配的なのですが、そうではありません。智慧の眼が開くということ、無根の信に目覚めるという確かなことがある限り、同時にそれは、今まで見えなかった他者がはっきりと見えてくることです。政治、経済、教育などさまざまな社会の問題、つまり世俗が視野に入ってきます。

アジャセの回心がそのことをはっきりと語っています。真宗聖典265ページの終わりから8行目です。

「これ仏を見るをもって得《う》るところの功徳、衆生《しゅじょう》の煩悩悪心《ぼんのうあくしん》を破壊《はえ》せしむ、と。」

ここにまず衆生という言葉が出てきます。真実を覆うような現実を問題にせずにおれない、そういう動きがアジャセの上に表れてきたということを、この言葉は告げているのではないでしょうか。

さらに、「仏の言《のたま》わく、「大王、善いかな、善いかな、我いま、汝《なんじ》必ずよく衆生の悪心を破壊《はえ》することを知れり。」」と、お釈迦様がアジャセを讃嘆されます。これは、アジャセの

衆生　生きとし生けるもの。生死を受けるもの。

眼が他者に向けられてきたことに対するお釈迦様のお褒めの言葉です。すると、今度はアジャセがお釈迦様に言います。「世尊。もし我審《あきら》かによく衆生のもろもろの悪心を破壊せば、我常に阿鼻地獄《あびじごく》に在りて、無量劫《むりょうこう》の中にもろもろの衆生のために苦悩を受けしむとも、もって苦とせず。」この言葉です。衆生という言葉が3回も出てきます。「もろもろの衆生のために」ということが、アジャセの回心《えしん》の視野に入ってきた。だから回心ということは、単なる個人の胸の中の出来事というような形で流れていくようなものではないということです。具体的な一つの歩みが始まる。ここのところは本当に大事なことを提起してくださっています。

現代社会の問題を取り上げると言うと、「そんなものが仏法の話か」と言われてしまう実情がありますけれども、そうではありません。3000年昔、アジャセがそのことをはっきりと自分の信仰告白として表明しています。無関心でいるということが闡提ということです。

差別がいけないことだと、承知していながらも、周りで差別が行われていてもけろっとしておる。なぜ無関心なんですか？　自分に聞くと一番よく分かる。自己保身です。自分がかわいいから、無関心なんでしょ。これが一闡提なんです。言うべきことすら言えない。

だから生ける屍《しかばね》ですわ。「逆謗の屍骸」と親鸞聖人がおっしゃった、まさにそうじゃないですか。そこでしか私は生きていない。この一闡提が知らされたがゆえにこそ、「もろもろの衆生のために」というこの視野が開けてきたのです。決して他者に対して、社会の現実に対して、無関心であることは許されないということです。お念仏に遇わせていただいているものとしての、姿勢、意見。当然それは、語り合い、互いに聞き合い、そして言っていかなくてはならないということがあるのではないですか。

覚りは個人の心境の変化には止まらない

蓮如《れんにょ》さんは『御一代記聞書《ごいちだいききがき》』の中で、とっても大事なことを言っていらっしゃいます。真宗聖典の872ページの92条です。

阿鼻地獄　八大地獄の一つで無間地獄ともいう。地獄の最下層に位置し、ここに落ちたものはその他の地獄とは比べものにならないほどの大苦を受けるという。

無量劫　とても長い時間のこと。永遠の時間のこと。

蓮如　1415—1499。本願寺第8代門首。中興の祖と言われ、衰退していた本願寺を「御文」や「講」を通して、再興させた人。親鸞聖人が顕かにされた浄土真宗を再興させた人。

御一代記聞書　主として蓮如上人の言行録。

わればかりと思い、独覚心《どっかくしん》なること、あさましきことなり。信あらば、仏《ぶつ》の御慈悲をうけとり申す上は、わればかりと思うことは、あるまじく候う。触光柔軟《そっこうにゅうなん》の願《がん》候う時は、心もやわらぐべきことなり。されば、縁覚《えんがく》は、独覚のさとりなるが故に、仏《ぶつ》にならざるなり。

（自分だけ覚ったと思いあがり、私一人のさとりで満足するような心でいるのは恥ずかしいことである。信心を得て阿弥陀の慈悲をいただいたら、自分は覚ったと、自分の覚りに篭《こも》る心などあるはずがない。触光柔軟の願に触れたものは心もやわらげるとあって、他者に心をひらいていくことになるはずである。縁覚は自分一人のさとりに満足し、他の人を顧みないから仏になれないのである。）

声聞《しょうもん》と独覚は二乗地《にじょうち》と言われ、仏道の歩みを表す言葉です。もとは、声聞も独覚も、お釈迦様のお弟子がたを呼ぶ言葉でした。特に声聞などは、文字通り、お釈迦様の御説法を聞いていたお弟子がたのことです。ところが後世になりますと、仏道のあり方を批判する言葉としてこれが使われるようになりました。

独覚は、「独り覚る」と書きますが、蓮如さんは、単に独覚ではなく「独覚心」とおっしゃいます。これは、「覚り」の本質を問う問題だと思います。本来、独覚というような覚りなどありっこないのです。あるものは何かというと、「独覚心」があるのです。つまり独覚心によって仏教の覚りを私有化し、歪曲化《わいきょくか》している、あるいは錯覚している、そういう心があるということでしょ。これが私たちが引きずる問題です。

仏教の覚りというのは、本来、単なる個人の心境の変化とか、そういうことで止まるものではありません。「もろもろの衆生のために」と、他者が視野に入ってくるのです。ところがこの独覚心によると、覚りが単なる個人の事柄、個人の胸の内の思いようになってしまい、仏教の覚りが歪曲されるのです。そのことを蓮如さんはここで戒《いまし》めていらっしゃると思います。本当に広い広い世界が見えてきていない、そういうありかたを蓮如さんはご指摘くださっているのではないか、そう思えてなりません。「アジャセの回心」の中に他者が視野に入ってきたという、この驚きです。「無根の信」の自覚において、そのことが照らされてきたのです。

独覚　縁覚のことで、一人で十二縁起を覚り、仏や師によらないこと。龍樹は独覚と声聞に堕することを菩薩の死といわれている。

声聞　教えを聞いて修行している人であるが、自己の解脱のみを目的とすること。

娑婆の問題の他に仏法の問題があるのか

私が現在の政治についてふれますと拒否反応を示す方がおられますが、私が言わんとしている一点がどこにあるのかを本当に聞いていただきたい。先ほどからも言う通り、アジャセ自身が言っているではありませんか。私たちはさまざまの問題だらけの娑婆《しゃば》に身を置いて生きています。であれば、眼を開かせていただいたら、娑婆中の問題が全部仏法の問題になるのです。なぜかというと、私の生きる立脚地を問うていることだったと知らされたから。それが分かるから。今までは、「それは政治の問題」、「それは経済の問題」、だから仏法の問題でないと言っていた。ところが本当に目を開かせていただいてみたら、この世の事柄《ことがら》は単なるこの世の事柄じゃないんですね。私の信心を問うておる事柄だったと言える感覚ですね。アジャセの告白を充分自問いたしたいことです。

私はよく「それは娑婆の問題でしょ」と言われます。私は「そうです。娑婆の問題ですよ」と答えます。そこで聞くんです、「娑婆の問題の他に仏法の問題というのがあるんですか？」と。「娑婆の問題が仏法の問題だった」と言える感覚が、信心の智慧なんでしょ。世間道を仏道の道場とする感覚でしょ。その意味で娑婆の問題が、私の信心を問い、信心を照らし、信心を歩ませる機縁です。取り上げる問題は政治の問題であっても、取り上げる立場は信心の立場からです。だからそれは善悪の分別《ふんべつ》（自我の立場）でなく、真偽の見極め（仏智の立場）でしょ。

いつも申しますように、嫁と姑《しゅうとめ》が大ゲンカしたということも、信心の感覚から取りあげたら、素晴らしい仏法の問題でしょ。政治の問題も同じです。

信心の問題であるということは、本当に厳しいことなのです。なぜかというと、必ず自己否定が基礎になるからです。たとえば政治の問題なら、日本は主権在民ですから、現在の政府は主権者である私たち国民がつくった政府です。良かろうと悪かろうと主権者の責任です。そういう政府を選んだこちらが問われるわけです。だから単に政府を非難するということでなく、選んだ責任という自己否定に立ってはじめて。だからこそ、「これこれのことは決してしてはならない。させてはならない」と、そういう悲しみの叫びが出てくるわけです。それが批判ということで、非難ではありません。政府を非難する話ではなく、自己否定に立った批判です。

「見ざる、言わざる、聞かざる」が翻される

今年は申年《さる》ですが、猿にちなんで「三ざる」ということが言われます。「見ざる、聞かざる、言わざる」ですか。今日お話しした「アジャセの回心」を聞きますと、この「三ざる」からの回心なんですよ。「見ざる、聞かざる、言わざる」ではなく、「真実をしっかり見ていこう、謙虚に聞いていこう、勇気を出して言っていこう」と、「三ざる」が翻《ひるがえ》されるんです。これが仏道でないですか。

先日、新聞の時事川柳に

「次《つぎ》選挙、二度と間違いいたしません」というのがあった。（堂内笑）

私から言わせていただくと、自己否定に立った、悲しみの叫びじゃありませんか。

次はちょっときついんですが、見た瞬間、家内が投稿したのかなと思いました。「安倍さんが出るとテレビ消す夫」というのがあったんです。（堂内笑）

そういう人もいらっしゃるんですね。

政治に限らず、客観的に見てオール与党というのは不気味ではありませんか？　みんなが与党だったら意見が一致して良いだろうと思いますか？　違います。オール与党ほど不

気味なものはありません。反対の意見があってはじめてそこに切磋琢磨《せっさたくま》があり、より健康的な意見が生まれていくのです。だから私は、野党というものの大切さを思います。これは国会に限りません。どういう世界においても与党と野党が健康な状態であるということが大切です。

フランスの文学者の言葉にこういうのがあります。「私は君の意見に反対である。けれど君がそれを主張する権利は死んでも守ります」。これが大事なのです。反対の意見はとても大事なのです。賛成の人と反対の人がいるのが健康なんです。

今日は「アジャセの回心」ということで、「無根の信」という告白と、「もろもろの衆生のために」という告白という二面が「アジャセの回心」の内容になっていることを申し上げました。

（2016年4月23日、小松市の真宗大谷派勝光寺にて）

第11講

アジャセの回心（中）

――回心の体験は――

行き詰った今、一念、一瞬、聞こえてくださる

世尊、我世間を見るに、伊蘭子《いらんし》より伊蘭樹《いらんじゅ》を生ず、伊蘭より栴檀樹《せんだんじゅ》を生ずるをば見ず。我今始めて伊蘭子より栴檀樹を生ずるを見る。「伊蘭子」は、我が身これなり。「栴檀樹」は、すなわちこれ我が心、無根の信なり。「無根」は、我初めて如来を恭敬《くぎょう》せんことを知らず、法・僧を信ぜず、これを「無根」と名づく。世尊、我もし如来世尊に遇《もうあ》わずは、当《まさ》に無量《むりょう》阿僧祇劫《あそうぎこう》において、大地獄《だいじごく》に在《あ》りて無量の苦を受くべし。我今仏を見たてまつる。（真宗聖典265ページ、『教行信証』信巻）

（現代語訳は第10講12ページを参照）

親鸞聖人は、真実の信心を具体的に経文をもって確かめる、つまり「聞思《もんし》」されるということで、この『涅槃経《ねはんぎょう》』の一節を『教行信証《きょうぎょうしんしょう》』に長々と引用しておられます。その眼目はアジャセの回心《えしん》です。アジャセはダイバダッタという野心家にそそのかされて、父親のビンバシャラ王を殺《あや》めました。その自責の念から身体中に瘡《かさ》ができ伏せってしまいましたが、ギバという善き友に恵まれて、お釈迦様のもとに案内され、ついにお釈迦様の説法を聞いて心が開けた、回心《えしん》されたという教説の筋書きです。

「回心」は浄土真宗のさとり

回心とはどういうことでしょうか？　「回」は「回《めぐ》らす」、回《まわ》すということ。「回思向道《えしこうどう》」、思いを回らして道に向かうと。いわば方向転換ですね。親鸞聖人が法然上人から聞きとられた言葉で言えば、「義なきを義とす」ということが「回心」の意味でしょ。宗教学の用語で言うなら「入信」ということになります。私たちが教えに遇うという限り、必ずそこに与えられてこなければならないのは入信です。自分の今までのものの考え方、受け止め方に大きな転換が起こる、そういう出来事です。

もっと言えば、浄土真宗のさとりと言ってよいかと思います。字義から見ますと、さとりとはまず「覚」という字。また「悟」「証」「了」といった字も当てます。仏教に「覚夢」という熟語がありますが、「覚」といった場合は「夢から覚める」という意味があります。「悟」もさめるという意味があります。「証」は、仏法に遇わせていただいた証明、証しです。「了」

聞思　仏法を聞き思惟すること。

教行信証　親鸞聖人の主著であり、浄土真宗の書。一切衆生が涅槃に至る道を顕したもの。

義なきを義とす　人間のはからいが一切交わらないことを本義とするのが念仏ということ。

は明らかに知られること。こういうことからしますと、回心というのは浄土真宗のさとりだと言えましょう。ですからこの回心の一点を素通りしては浄土真宗もなにも成り立たない。そういってよい、重い課題です。

しかし、そういう大事なことだから、「私は回心が欲しいのです」と言いだすことにもなるんですね。禅宗のあるご老師が、「さとりは『サ鳥』という鳥なんだ」とおっしゃっています。なぜかというと、つかもうとするとサーッと飛んで行ってしまうから、とユーモラスに大事なことを言ってらっしゃいます。私たち、頭で聞いておりますと、「だから私はそれが欲しいのです」と言い出すことにもなるのです。けど、それなら回心などどうでもいいと、放棄したらいいのか。それでは仏道にならん。ならば追いかけたら手に入るのか。追いかけても手に入らない。そういう面倒なことがありますので、じっくりと腰を据えて自問すべきですね。

ティリッヒの表現「信仰とは何でないか」

聴聞《ちょうもん》においての表現に関して、私が年来憶念していることがあります。20世紀のプロテスタントの代表的な神学者の一人と言われたパウル・ティリッヒという方。出身はドイツですがナチスドイツを逃れてアメリカに亡命し、アメリカで亡くなった方です。半世紀ほど前、親鸞聖人の七百回の御遠忌を控えた昭和35年に、ティリッヒさんが日本においでになり京都で講演をされました。そのころ私は学生で京都におり、友達とその講演を聞きに行きました。一度だけ生でお声を聞かせていただいたことですが、通訳があっても、わからないありさまでした。

そのティリッヒさんに『信仰の本質と動態』（1961・11　新教出版社刊）という著作があります。よく読まれた本で、今も静かに読み続けられています。この本は信仰の本当の意味を明らかにしたいということで著されたものです。第1章を見ますと「信仰とは何であるか」となっていて、「信仰とはなになにである」と答える形になっているのですが、注目されるのは、第2章になると「信仰とは何でないか」という表現が採られているのです。「信仰とは何であるか」という言い方は肯定的な表現です。ところが「信仰とは何でないか」という言い方は否定的な表現です。私たちの知性で考えられる、把握しうるものであ

パウル・ティリッヒ　1886―1965。20世紀のキリスト教神学に大きな影響を与えたドイツのプロテスタント神学者。

るならば肯定的な表現で貫けるわけです。ところが、こと信仰となると、我々の知性を超えるという一点がありますから、「信仰とはこれこれである」という断定的な言い表わし方では正確には表現ができない。だから正確にというならば、「信仰とは何でないか」という表現をするしかない。つまり切り落としていくわけです。「本当の信仰はこういうものではない」「こんなものでもない」と枝を払っていく形でそこに表れるものがまことの信仰だと、こういう言い方をなさっています。

肯定的な表現は分かりやすいが、それまでのこと

私はこのことが仏教においてもそのままあてはまるのでないかと強く思います。肯定的な表現で言えば「回心《えしん》とは何であるか」となります。「回心とはこういうことである」と言ったとします。そうすると「ああ、そう」で終《しま》いですね。間違ってはいません。間違ってはいませんが、そこで終いなんです。ところが「回心とは何々でない」「こういうことでもない」「あなたが考えているそういうことでもない」と払っていく。そういう形でそこに浮かび上がってくる事柄が、本当の回心の姿だということなのです。ですから、表現とはそういう意味で非常にデリケートなものですね。

よく皆さんが「わかりやすい話を」とおっしゃいます。それはごもっともなのですが、肯定的な表現は分かりやすいんです。「阿弥陀様とはこういう仏様である」と説明してもらえば、「ああ、そう」と分かる。ところが、そういうふうに言ってもらったって阿弥陀さんに遇えたかとなったら全然話は別でしょう。そんな、我々の知性で「阿弥陀仏とはこれこれである」と限定しうるような、そういうものではないはずです。そうすると「阿弥陀仏とはこれこれでない」「あれでもない」「これでもない」と枝を払っていく、そういう形で浮かび上がってくるもの。「阿弥陀仏とはこういう仏である」と決めることを言わせないはたらきが、阿弥陀さんなのです。そういう矛盾した表現なのです。でもその矛盾したところに何とも言えぬ醍醐味《だいごみ》があるのですね。ですから、分かりやすい話を、と言われるのも分かりますけれども、分かりやすい話はあんまり聞いてもあかんのです。（堂内笑）別に自己弁護じゃありませんが、分からん話を聞かなきゃあかんのですわ。

仏教の表し方というのはすごいと思う。仏教のテクニカルタームでは、肯定的な表現を

テクニカルターム　専門用語のこと。専門分野で使用し通用する言葉のこと。

「表詮《ひょうせん》」、否定的な表現を「遮詮《しゃせん》」と言います。ですから厳密さということになると、表詮よりも遮詮のほうが厳密なのです。けれど私たちの頭の構造からすると表詮のほうが分かる。「南無阿弥陀仏とはどういうことだ」「南無阿弥陀仏とはこういうことだ」「ああそう」。良く分かる。けど分かってそれだけのことです。分かったあんたは何も変わらへんのやから。ところがこの遮詮のほうをとことん聞くと、あんたが変わるんですわ。そこらのところが仏法を聴聞させていただく上で、十分、ご注意をいただかねばならない事柄でありましょう。

法律的罪、道義的罪、宗教的罪の三層

話を本題に返します。アジャセは「毒樹である伊蘭樹《いらんじゅ》の種から、香木の栴檀樹《せんだんじゅ》が生じたごとき不思議なことであります」と自らの回心を表現しています。ここからすると、まことの信心とは「無根の信」、つまり私に生ずる根があって生じた信ではない。私には全く根の無い信心がたまたま私の上に起こったということを表現しているのです。

アジャセの回心という出来事は、この「無根の自覚」に尽きます。その無根ということにおいて『涅槃経』には「難治の三病」ということが示されています。治し難しというこ

とははっきり言えば不治です。その治らない三つの病とは、五逆《ごぎゃく》の罪、謗法《ほうぼう》の罪、闡提《せんだい》の罪の三つです。これらは繋がっていて、その根っこが闡提です。

現代という時代は、罪ということが分からなくなってしまった時代ではないでしょうか。罪の感覚が失われてしまった現代人ではないでしょうか。五逆はもっとも生活の表面に出ている罪ですが、これは私という存在を生み育て人と成す因となり縁となってくださっておる、私の存在の根本的な恩恵に逆らうという罪です。父親、母親、師匠、友達、そして仏と、この五つが、生まれ育ち人と成す根本的な恵みです。それに逆違する罪。それが業《ごう》縁《えん》によって具体的に表れるのです。親殺しも現代では決して珍しい話ではありません。

罪と言った場合、三層になっています。法律的罪、道義的罪、宗教的罪の三層です。法律的罪とは、法律に違背《いはい》するということで、具体的には犯罪として逮捕され罰せられます。「そんな法律に背《そむ》くようなことは自分はしていないから、罪なんていうものは自分には関係がない」というのが現代人の一般的な姿勢でありましょう。

五逆　5つの最も重い罪。一般には、父を殺すこと、母を殺すこと、阿羅漢（あらかん）を殺すこと、僧の和合を破ること、仏身を傷つけることをいい、無間地獄に落ちる業因として説かれている。

謗法　正しい教法を謗ること。五逆罪と同様重い罪を表す。

ところがこの三つの罪は繋《つな》がっていますから、法律的罪は必ず道義的罪に掘り下げられなければなりません。どういうことかというと、違法ではないけれど不適切である、道義にもとるということがあります。人間として恥ずかしい事でないのか、というのが道義的な罪です。

思いを超えた真理に対する傲慢性が一闡提

この道義的な罪はどうしてももう一つ、宗教的な罪に掘り下げられなければなりません。道義的にいかほど自己反省をして内省したとしても、わたくしが立場になっている限りは、どこかで自分を是とし正当化し弁護する心を超えることができません。そういうものがはっきりと照らし出されてくるところに、宗教的罪ということが言われてくるのです。それは何かというと、「いのちの私有化」です。つまり真理に対して傲慢《ごうまん》であるということです。人間の理性、知性でもって、この世界はいかようにでも動かすことができる、支配することができるという、人間中心主義です。私たちの理性は、全く、私たちの思いとか考えを超えた厳粛な法則がはたらいているということを省みないのです。私たちはその意味で「法」の支配下にあるわけです。これは法律の法とは違います。仏教では因縁の法と表していますが、この真理に対して傲慢である、その傲慢性を闡提と言われます。『涅槃経』にこういう言葉があります。

一闡提とは因果を信ぜず、慚愧あることなく、業報を信ぜず、現在および未来を見ず、善友に親しまず、諸仏所説の教誡に従わず、かくのごときの人を一闡提と名付く。

五逆、つまり自分の存在を根本的に支えている恩恵に対しての逆らいは、どこから起こって来るかというと、法を謗《そし》ること、いわゆる真理の否定です。そしてその本質は、闡提、人間中心主義、理性至上のあり方であることを『涅槃経』に厳しく説かれているのです。「私は回心がしたい」と回心を追いかけるのも、この闡提からきているのです。親鸞聖人がこういう問題を御和讃ではっきりと詠っておられます。真宗聖典でいうと493ページの上の段、曇鸞《どんらん》和讃の第21首です。

名号不思議の海水《かいしい》は　逆謗《ぎゃくほう》の屍骸《しがい》もとどまらず
衆悪《しゅあく》の万川《ばんせん》帰《き》しぬれば　功徳のうしおに一味《いちみ》なり

（本願名号の海には　屍骸の如き逆謗の人も回心して信心の行者となり、その屍骸が残らない。

万川が海に入って同一の鹹味となる如く、諸悪が名号海中に入ってしまうと、その

功徳に一体化する）

生ける屍の血路は「大悲の弘誓を憑め」

逆謗の屍骸と言うのです。死んでしまっておるということです。まさに生ける屍《しかばね》です。一闡提の、真理に対する傲慢さを親鸞聖人はそのように受け止めていらっしゃいます。ならば、生ける屍と言われるようなその我の血路《けつろ》はどこにあるのか。塞がれた道はどう開かれるのか。真宗聖典の２７１ページの終わりから2行目に、それが示されています。

ここをもって、今大聖《だいしょう》の真説に拠《よ》るに、難化《なんけ》の三機・難治《なんじ》の三病は、大悲の弘誓《ぐぜい》を憑《たの》み、利他の信海に帰すれば、これを矜哀《こうあい》して治《じ》す。これを憐愍《れんびん》して療《りょう》したまう。『教行信証』信巻）

（ここにいたって今、大聖釈尊の真《まこと》の説《おしえ》に拠《よ》れば、教化し難い三種の機、つまり治《なお》し難い三種の病にかかっている者たちは、大悲をもととしておこされた弘《ひろ》やかな誓いを憑《たの》みとして、利他の信海に帰すれば、これらの者を大いに矜《あわれ》み哀《かな》しんで治し、憐《あわれ》み憫《うれ》えて療《いや》してくださるのである。）

生ける屍の血路はどこか。「大悲の弘誓を憑め」、これなんです。蓮如さんが御文《おふみ》の中に「弥陀をたのむ」と常におっしゃいますけど、あの「たのむ」は漢字では書いてありませんが、決して「頼む」ではない。「大悲の本願を憑め」と。それ以外に血路はない、そう言いきっていらっしゃるわけです。

ここまで申しますと、きっとこういう言葉が出てくるんです。「そうなりたいのですが、そうなれないのです。そう思えないのです」。そういう言葉がすっと出て来るでしょう。その分別《ふんべつ》こそが生ける屍から発せられておる。生ける屍であるにもかかわらず、屍の分別をまだたよりに生きているという証拠でしょ。だから「大悲の弘誓を憑め」ということは「生ける屍を棄てよ」ということです。するとまた出てくるんです。「どうしたら廃《すた》るんですか。廃りません」。また同じ所をぐるぐる回るんです。そうじゃないんです。

これがわたくしの体質、自我で生きるわたくしの体質。であるならば、ポイ捨てできるわけがありません。ならば、それは何を表しているのか。ズバリ「それを立場とするな」

血路　困難な状態から抜け出すための方法や手段のこと。

御文　蓮如が門徒に書き与えたもので、消息体の法語。真宗の要義をわかりやすく平易に表して、多くの人を教化した。

分別　思いはかること。人間の理知のことであり、迷いを表す。

ということでしょ。もっと言えば「そこに立って追っかけるな」です。

仏号むねと修すれども　現世を祈る行者

浄土真宗はいわゆるご利益信仰《りやくしんこう》というものは切ります。現世《げんぜ》のご利益をこい願うようなあり方は切る。けれど、自分がよくよく照らし出されてみるというと、現世の利益を求める体質というものは、絶対に無くなりません。これは我々の厳粛な事実です。

善導和讃《ぜんどうわさん》に出てますね。

仏号むねと修《しゅ》すれども　現世《げんぜ》を祈る行者《ぎょうじゃ》をば
これも雑修《ざっしゅ》となづけてぞ　千中無一《せんじゅうむいち》ときらわるる（真宗聖典495ページ）

（弥陀の名号を本として、専ら念仏を称えるけれども、現世の幸福を祈る行者をば、これもまた雑修と名づけ、千人の中に一人も往生できないと却《しりぞ》けられる。）

「仏号むねと修すれども」の「ども」が大事です。「お念仏よりない」と知らされているけれども、現世を祈る心が廃らんのです。「念仏一つ」と知らされたところで見えてきたものは、「修すれども」の自分がでした。私たちが仏法を聞いたら、お念仏を聞いたら、現世の利益を求める心が無くなるとか、そういうことじゃなくて、無くならん。けれども、現世の利益を求める心を立場としない、そういう生き方が教えられることでしたね。その目覚めでした。

ところが私たちは、またこれを聞いても、この生ける屍を立場とするところに立って、ものを言うわけでしょう。「そう思えません」とか、「そうなれません」とか、面倒なことですわ。

異質な如来の智慧を聞き、仏智から自我を知見する

よりはっきり言うと、一闡提と言われる我《わ》が体質から出離することです。出離する。するとまた「どうしたら出られますか」とやるんですね（堂内笑）。そうじゃない。出離すると言うことは、わたくしの一闡提のこの屍を出離した仏様の智慧を聞くこと。南無阿弥陀仏の名号《みょうごう》を聞くとはそういうことでしょ。わたくしの体質を出た仏様の智慧とは、異質ということでしょ。私の一闡提の体質とは異質な如来の智慧を聞くのです。すると、自我

ご利益信仰　自らの利益や物質的な安楽さを願い信ずること。

善導　613—681。中国唐代の浄土教祖師。七高僧の第5祖。浄土教の本旨を明らかにした人。

雑修　念仏だけでなくいろいろ行を修すること。専修に対する言葉。

に生きるこのわたくしから出離するという意味が成り立つ。ですから仏智を聞き、聞いた仏智から自分を、世界を知見していく歩みが始まるのです。

私たちは自我に閉じこもったあり方をしています。閉じこもったということは立場とするということでしょ。したがって立場とするなということは、そこを出よということです。出よとは、自分とは異質な仏様の智慧を聞けと。仏様の智慧によってこの自分を見せていただいていく、それが立場としないということです。

「私たちは自我のものさしで聞いている」のですね。自我のものさしで聞くとは、それこそ一闡提の自我の立場から聞くことでしょ。そして思えるとか思えんとか、なれたとかなれんとか、そんなことばっかり。つまり主観の問題にしてしまっていることでしょう。心の問題にしてしまっているんですね。

南無阿弥陀仏のいわれを聞く

蓮如さんは「南無阿弥陀仏のいわれを聞け」ということを御文《おふみ》でよくおっしゃいます。「聞其名号《もんごみょうごう》」です。その名号を聞け。仏様の智慧を聞け。その仏さまの智慧からこの自分を見せてもらっていきましょう。

自分を出た、自我とは異質な仏様の智慧、それによってこの自分を知らしてもらってい
く。ああ、自分ってそういうものだったんだな。この生ける屍に、どこどこまでも執着し
て、未練がましく、生ける屍の立場から追求していた。そういう自分だったんだな、とい
うことに気づかされる。それだけです。それが、明らかにならねばならぬただ一つの点な
のです。

「大悲《だいひ》の弘誓《ぐぜい》を憑め」。闡提の生ける屍を立場としてはならない！　この一点です。とこ
ろが、私たちはそれをすぐに精神論にしてしまう。思えるとか思えんとか、そうなれると
かなれんとか。それほどまでに、どこまでも生ける屍にこだわり続けておるこの自分が、
照らし出される。仏さまと自分を遠ざけておる因が明らかに知らされる。

お釈迦様最後の説法の座にいなかった阿難

そのところを『涅槃経』では次のような形で説かれています。

親鸞聖人は四十巻本の『涅槃経』をご覧になっているのですが、その四十巻本の最後に

四十巻本の『涅槃経』　『涅槃経』には小乗と大乗の『涅槃経』があり、大乗の『涅槃経』の中に40巻本の『涅槃経』がある。曇無讖（どんむしん）訳で北本とも大本ともいう。

「憍陳如品《きょうちんにょぼん》」という章があります。憍陳如とは仏弟子の名前です。お釈迦様が悟りを開かれて最初の御説法、初転法輪《しょてんぽうりん》の時の五比丘《ごびく》、5人の比丘のお一人です。この憍陳如について一章が設けられています。

『涅槃経』はお釈迦様の最後の御説法です。一代の御説法の総括というような意味を持っている経典ですが、その大切な『涅槃経』の会座《えざ》が終わるところで、お釈迦様がお弟子の憍陳如に対して、「阿難はどこにおるのか」と問われます。阿難といえばお釈迦様の常随《じょうずい》昵近《じっきん》の弟子で、多聞第一《たもんだいいち》と言われたお弟子です。お釈迦様亡き後の経典結集《けつじゅう》では阿難が大変尽力をしています。憍陳如は「阿難はただいま、多くの魔にからめとられておりまして、ここには来られないのです」と言います。これは意外なことです。多聞第一と言われた阿難が、お釈迦様の生涯最後の御説法と言われる大切な会座に列《つら》なっていないなどということは、到底考えられないことですね。しかし大乗経典の『涅槃経』ではこのように説かれているのです。

ところが原始経典の『涅槃経』ではそうではありません。岩波文庫では『ブッダ最後の旅』というタイトルで、原始経典の『涅槃経』が記されていますが、それには「アーナンダ（阿難）の号泣」という一章があり、阿難は最後の御説法の会座から号泣しに飛び出したとされています。その姿の意味するところを、大乗の『涅槃経』では「魔にからめとられていて、とても会座へ出て来られない状態です」という厳しい形で説かれているのです。

ここはとくに注意すべき一点ではないかと思いますね。そのところで、文殊菩薩《もんじゅぼさつ》がお釈迦様に「ブッダはどうして憍陳如に阿難の所在をお尋ねになったのですか」と聞いています。するとお釈迦様は「数多修行者のある中で、阿難は最も仏の教えによく仕え習得した。そして8つの不可思議な徳を身に着けておる。だから私はこの『涅槃経』という経典を阿難に付属しようと思った。だから阿難の所在を聞いたのだ」と、こう返事をしておられます。お釈迦様が阿難を信頼していらっしゃるお心がよくうかがわれます。

初転法輪　釈尊が覚った法を初めて人々に説いた出来事をいう。
五比丘　釈尊のもと修行仲間で、最初の説法（初転法輪）を聞いて仏弟子となった5人のことをいう。
常随昵近　常におそばについて仕えること。
多聞第一　釈尊のおそばに25年間仕え、法を一番よく聞いた人。
経典結集　仏典をまとめる編集会議のこと。
原始経典の『涅槃経』　パーリ語本『大般涅槃経』（マハー・パリニッバーナ・スッタンタ）はじめ漢訳されたものが9種ある。中村元著の『ブッタの最後の旅』はパーリ語本の『涅槃経』を底本としている。
文殊菩薩　大乗仏教の菩薩で智慧の菩薩といわれる。
付属　師が弟子に教えを授け、さらに後世に伝えるよう託すること。

仏に背き続ける人間をどこまでも念じ続け

そこで注目すべきことは、阿難は8つの徳を身に着けているとおっしゃっていますが、その第1に「信根堅固《しんこんけんご》」の徳があげられています。これは阿難を讃嘆しているのです。ところが、阿難は大事な最後の御説法の会座にいないで、悪魔に誘惑されています。これは阿難の体質ですね。先ほど申し上げたことから言うと、逆謗闡提の体質は無くなりません。どこまでも仏に背き続けていくあり方、それしかない。その姿を原始経典の『涅槃経』では、「号泣しに出た」と説かれてあるわけですが、ともかく、そういう阿難の内実を知っておられて、しかもお釈迦様は「阿難の信心はまことに堅固である」と讃嘆しておられるのです。そうするとこれはどう見ても、「阿難の信根が堅固であった」ということよりも、信じて疑われなかった仏陀の大悲心の確かさが表現されているのではないでしょうか。仏に背き続けるその人間を、仏はどこどこまでも大悲憐愍《だいひれんみん》して、念じ続けてくださる。

阿難が泣きに出たということは、仏の教えを受けながら仏に背く、そういうものしか自分にはない。その自分を懺悔《さんげ》し痛む姿。こういうわたくしが、久遠劫来《くおんごうらい》、仏陀によって念ぜられ願われ続けてきている身であったんだなあ、と、初めて大いなる大悲の心に包まれている自らの存在を阿難は強く感じたのではないでしょうか。念じ続けられるお釈迦様の大悲心の堅固さが阿難と感応道交《かんのうどうこう》したということではないでしょうか。だから阿難からすれば懺悔です。阿難の懺悔がお釈迦様の言葉となって表現された時に「信根堅固」と讃嘆されたのですね。阿難は「多聞第一」と言われますが、それは単に量が多いというだけではありません。質の深さも表している「多」に違いありません。阿難の懺悔において、いよいよ仏の大悲心が仰がれる。そこに極まるのです。

弥陀回向の御名のみが無慚無愧の身を翻させる

そのことを思いますと、ぜひとも申し上げておきたいことがあります。真宗聖典の509ページの上の段、「愚禿悲歎述懐《ぐとくひたんじゅっかい》」の第4首です。

大悲憐愍　衆生の苦を救う大慈悲のこと。

久遠劫来　はるかかなたのずっと以前からということ。

感応道交　教化する仏と人間が通じること。師と弟子が通じ合うこと。

愚禿悲歎述懐　正像末和讃に収められている。自らの罪悪深重の身を述懐したもの。

無慚無愧《むざんむき》のこの身にて　まことのこころはなけれども
弥陀《みだ》の回向《えこう》の御名《みな》なれば　功徳は十方《じっぽう》にみちたまう

（恥知らずのわが身であり、真実の心のないあさましい凡夫であるけれども、如来の真実心から回向される名号であるから、その功徳はわが身に満つるばかりでなく、自ずから十方に満ちわたり給う。）

「無慚無愧」、この言葉は実は法然上人《ほうねんしょうにん》のお言葉なのですね。親鸞聖人が法然上人からお聞きになった言葉です。法然上人の代表作は『選択集《せんじゃくしゅう》』という、日本の国に念仏の一宗を独立されたその宣言書と言われる著作ですが、その最後の所で『選択集』を作られた因縁が記されている中にこの言葉が見えています。そこを現代語訳して読みます。

今、図らずも月輪兼実《つきのわかねざね》公のおおせをいただいて、どうしても辞退することができません。よって今、やむをえず念仏の要文を集め、その上、念仏の要義を述べた次第であります。ただご命令の旨を省みたのみで、自らの才能の有無を省みないありさまであります。まことに無慚無愧の至りであります。ですから、この書物をひとたびご覧になった後は、これを壁の中に埋めて人の目につかないようにしていただきたいのです。それは、念仏の法を謗《そし》り悪道に落ちる人のないようにとの願いからであります。

ここで注目されるのは、最後に「念仏の法を謗り悪道に落ちる人のないようにしたい」と言われているところです。

この書物を見た時、真実の教えが分からない人であったら、きっと誹謗《ひぼう》するでしょう。仏法を謗《そし》るのは悪道に落ちる行為です。地獄、餓鬼、畜生の三悪道《さんまくどう》に落ちる因縁にもなりかねないような書物を作るということは、まことに無慚無愧のわたくしだからであります。無慚無愧でなかったら、こんな書物はとても書けないはずです。

こういう趣旨からの痛みなのです。この無慚無愧ということは、慚愧する心すらない私でございますということ。これは法然上人の正法に対する謙虚さが極まっているご態度にうかがわれます。

私たちは生活の中で反省もし、時には「慙愧の至りであります」などと口にしたりもし

無慚無愧　自分の犯した罪を仏の教えと他人に対して恥じないこと。

回向　如来のはたらきのこと。

御名　名号。南無阿弥陀仏のこと。

法然上人　1133―1212。浄土宗開祖。叡山を出て吉水に入り念仏一つを勧めた。親鸞聖人の師匠。

選択集　法然の著。阿弥陀仏の選択本願の行である念仏について経釈の要文を集めた書物。

月輪兼実　1149―1207。九条兼実のこと。兼実の要請により法然上人は『選択集』を述作された。

ます。しかしそれが、私が立場となっている限りは、いかに誠実な反省であったとしても、そこに動く自己矛盾の心は超えられません。

先の御和讃で言いますと、そのような無慚無愧の身を翻させてくださるものはただ一つ、「弥陀の回向の御名なれば」です。弥陀の回向の御名のみが、無慚無愧のわたくしを翻させてくださるのです。ということは、もし、弥陀の回向の御名に遇うことがなかったら、私たちは無慚無愧のままで終わってしまうでしょう。そこから立ち上がり、いよいよそこから照らし出した大悲の本願、弥陀の回向の御名を聞いていくという、積極的な態度は到底生まれてこないでありましょう。けれど、おかげさまで、弥陀回向の御名に遇わせていただいたればこそ、無慚無愧のこの身だからこそ、いよいよこの身を照らしだしてくださる南無阿弥陀仏の光を仰いでいかねばならない。本願の心を聞き直していくしかなかった。現前のいのちの事実を頂き直すことができるのだ。

念仏は自己反省止まりの話ではない

だから決してお念仏は自己反省止まりの話ではないのです。自己反省止まりならそれは欺瞞《ぎまん》です。闇です。暗いでしょう。そうではなくて、弥陀回向の御名なればこそ、わたくしを暗さから立ち上がらせてくださる。こういう私だからこそ、現前の事実を精いっぱい尽くさせていただくしかなかったんだと歩み出す。挙足一歩《こそくいっぽ》です。そのあり方が与えられていく。それが親鸞聖人の「大悲の弘誓を憑め」とおっしゃったこの一言がもっておるお心ではないでしょうか。

だからお念仏に遇わなかったら、私たちは「お恥ずかしい」とか「至らん者でございます」とか、そこ止まりです。暗い話です。それこそ自虐的な暗さの中へいよいよ落ち込んでいくしかありません。けれど、弥陀回向の御名はそうさせないのです。そういう汝だからこそ、いよいよこの光を聞き続けよ、いよいよ聞き直して進めと、念じてくださる。だからこそ、私たちは「お恥ずかしい」に違いないんだけれども、お恥ずかしいと言っていられないのです。「至らん者でございます」に違いないんだけれど、そう言っていられないのです。そういう積極的なものが、この御和讃の中に込められているのではないでしょうか。

回心《えしん》とは、どこまでも自分を知らされることですが、決して暗闇のどん底へ沈んでいくような出来事ではありません。むしろそこから這い上がり、積極的に現前のいのちの事実

挙足一歩　一歩踏み出し歩むこと。

を頂き直す、そういうひとつの立ち上がりを開いてくださる、それが回心なんです。仏道の回心であるかぎり、さとりです。浄土真宗のさとりですから、さとりというところには明るさがあるわけです。明るさをいただくわけですから。一歩踏み出すという、そういう一つのあり方をたまわっていくということです。

それを私たちは、いつの間にか、無意識のうちに、また主観の問題にしてしまっていくのです。「そう言われるけど、そうなれませんわ」とか、「そう思えませんわ」とか。話はみんな元へ戻るわけです。逆謗の屍骸を立場としておる限りは、行ったり来たりするだけです。そこをひとつ、断つ。そういう己を立場とするな。現世《げんぜ》を祈るその心は廃らんけれど、その心を立場とするなという、その生き方をたまわっていく。それが念仏の御利益、確かさではないでしょうか。

だから私たちが自分をたのむあり方をしておる限りは、百年聞いておってもそんなようなことですわ。自分の思いと教えの間を行き来しているだけの話です。いかほど聞いても、「思えん」「そうなれん」それしかない。

そんなこと言うておれんのでしょ。それが、阿難の徳を「信根堅固」とお釈迦様がご讃嘆されたお心なんじゃないでしょうか。

「生ける屍」とまで決めつけられておる私たちの、自我の分別というものは、回心を対象化するのです。つまりそれを目的として、理想として追いかけるのです。ならば回心を追いかける心が翻《ひるがえ》させられることこそ回心なんです。回心を対象化して追いかけているかぎり、回心は遠のくばかり。その自分の闇が照らし出されることです。生ける屍の分別はそっくりそのままここにある、動く。けど仏さまの智慧の眼から、むしろその動く自分を見せてもらう。

「お与えさま」と思えん私が照らし出される

この間、ある人が胆のうの検査をしたら悪いところが見付かって、放っておくと悪性化するから今のうちに切ったらよいと言われて手術してもらったそうです。その人は仏法をよく聞いておる人ですから、入院した時に、「ああ、これも如来さまからのお与えさまや」と、そう思ったというんですね。ところが一旦退院したものの、再度手術しなくてはならなくなった。そしてもう1回、と半年の間に3回も手術をしたそうです。最初の時は「お与えさま」と思ったけれど、2回、3回となったら「お与えさまとは言えんようになりましたわ」という話です。よくお分かりでしょう。

「お与えさまと思うことが信心だ」と思うわけです。そんなこと思えるかいな。（堂内笑）

信心ということは逆です。思えん自分を知らされることじゃありませんか。思えん、ということは、お与えさまということがしっかり知らされたがゆえにこそ、それに随順しえない自分が逆に浮き彫りになってきた。

仏法聞いたら何でもお与えさまお与えさまと…まあ、思える人は思とればええんですけど。（堂内笑）　でもそんなことじゃないんですよね。むしろ、思えない自分がいよいよはっきり照らし出されてくる。

だから思えん自分を立場としておるかぎりは、「思えんからまだあかんのや」とかね、沈んでいくしかなかったんでしょう。そうじゃなくて、思えんわたくしをこそが大悲されている本願を聞けば、思えんわたしをこそ、いよいよ聞いていくほかなかった！と。

回心はいつも今の一念、一瞬聞こえてくださる

「分かりました」とか、「こうなりました」とか、何か自分の腹に下ろしたらそれは嘘ですわ。今の話じゃないけど、思えんのです。昨日は分かっとったけど、今日はもう分からんようになるわけです。（堂内笑）　そうでしょう。動くんですから。そういうことじゃないんで

すよ、真実というものは。一念の信心と言うでしょ。信心は一念の信心、ひと思い、一瞬なんです。一瞬、真実を聞かされるんです。知らされるんです。「あ、そうだったか」。これ一瞬です。「あ、そうだったなあ」。一瞬知らされる。でも自分の立場へ戻ったら全然ケロッとしておる。思えんでしょう。だからこそいよいよ仰いでいく。一瞬一瞬。信心は「光」です。わたしがもらったり、握ったりするものじゃない。わたしの闇を一瞬破るというかたちで来てくださる智慧、だから光です。光として体感する真実信心です。

だから回心はいつでも今です。今の一念です。この「今」は哲学的な言葉で言えば「永遠の今」、御和讃の言葉でいえば、「弥陀成仏《みだじょうぶつ》のこのかたは　今に十劫《じっこう》をへたまえり」（真宗聖典479ページ）の「今」です。お釈迦様も「今に十劫をへたまえり」だった。あの言葉を書かれた曇鸞《どんらん》大師も「今に十劫をへたまえり」。それを写された親鸞聖人も「今に十劫をへたまえり」。800年後に生きさせてもらっている私たちも、「今に十劫をへたまえり」。いつでも「今」しかないのです。これを「永遠の今」「真実の今」と言います。

十劫　劫とは『大智度論』には「1辺40里の岩を3年に1度、天女が舞い降りて羽衣でなでで、岩がすり減って完全になくなるまでの時間を指す」というたとえ話が載っている。その長さの十倍を十劫という。

回心はいつも一念、今です。どういうところに「今」が開かれるか。問題にぶつかって、思えんとか、そうなれんとか、行き詰まる、惑う、転ぶ、などいろいろ姿がありますが、その時こそが「今」。つまづく今、一念、一瞬、聞こえてくださる。転んだ一瞬、聞こえてくださる。

昔の方は本当に平易に教えてくださっています。私はよく、皆さんに申し上げています。「こう聞いた、ああ聞いたは仏法じゃない。聞こえるおおせが仏法である」と、これですよ。その意味では、私たちにとっての意味合いからは、信心はいただくものじゃないんですね。一瞬一瞬、響いてくださるおおせです。それに私たちが引き立てられ、歩まされていく。そういうことでしょ。それが、アジャセの回心から私たちが聞きとらねばならない一点なのではと強く感じます。

我々にとっての回心ということで付け加えますと、「こうして聞法しておれば回心するんですか」とお尋ねになる方があります。言葉としては間違いじゃないから一応「そうです」という返事になりますが、実際にはそんな呑気《のんき》なもんじゃないでしょう。私が祖母から聞いて印象に残っている言葉ですが、「人並みに仏法を聞いとったら、人並みの仏法しか分からん。人並み外れて聞かんことには、人並み外れた仏法は分からんぞ」と、これは祖母の口癖でしたね。明治の人はそういうことを言った。すごいことです。

善知識を選ぶという問題で言えば、我が身の持った病が医者を選ぶんです。風邪くらいでは大学病院には行かないでしょう。生命にかかわるような病気の場合には、皆さんも東京であれ大阪であれ、どこまでも行かれるはずです。病が選ぶんです。聞法も同じです。

今日は、先回を振り返りながら、私たちにとっての回心の体験とはどういう出来事なのか、どういう姿をとるのかということを、一点、申し上げました。

（２０１６年６月25日、小松市の真宗大谷派勝光寺にて）

第12講

アジャセの回心（下）
——新しい関係——
自分を問う他者の存在が見えてくる

（王、仏に白さく）世尊、我世間を見るに、伊蘭子《いらんし》より伊蘭樹《いらんじゅ》を生ず、伊蘭より栴檀《せんだん》樹《じゅ》を生ずるをば見ず。我今始めて伊蘭子より栴檀樹を生ずるを見る。「伊蘭子」は、我が身これなり。「栴檀樹」は、すなわちこれ我が心、無根の信なり。「無根」は、我初めて如来を恭敬《くぎょう》せんことを知らず、法・僧を信ぜず、これを「無根」と名づく。世尊、我もし如来世尊に遇《もうあ》わずは、当《まさ》に無量阿僧祇劫《むりょうあそうぎこう》において、大地獄《だいじごく》に在《あ》りて無量の苦を受くべし。我今仏を見たてまつる。これ仏を見るをもって得《う》るところの功徳、衆生《しゅじょう》の煩悩悪心《ぼんのうあくしん》を破壊《はえ》せしむ、と。仏の言《のたま》わく、「大王、善いかな、善いかな、我いま、汝《なんじ》必ずよく衆生の悪心を破壊することを知れり。」「世尊、もし我審《あきら》かによく衆生のもろもろの悪心を破壊せば、我常に阿鼻地獄《あびじごく》に在りて、無量劫《むりょうこう》の中にもろもろの衆生のために苦悩を受けしむとも、もって苦とせず。」その時に摩伽陀国《まかだこく》の無量の人民《にんみん》、ことごとく阿耨多羅三藐三菩提心《あのくたらさんみゃくさんぼだいしん》を発《おこ》しき。かくのごときらの無量の人民、大心を発するをもってのゆえに、阿闍世王所有《しょう》の重罪、すなわち微薄《みはく》なることを得しむ。王および夫人、後宮・采女《さいにょ》、ことごとくみな同じく阿耨多羅三藐三菩提心を発しき。その時に阿闍世王、耆婆に語りて言わまく、耆婆、我いま未だ死せざるにすでに天身を得たり。短命《たんみょう》を捨てて長命《じょうみょう》を得《え》、無常の身を捨てて常身を得たり。もろもろの衆生をして阿耨多羅三藐三菩提心を発せしむ。乃至　諸仏の弟子、この語《ことば》を説き已《おわ》りて、すなわち種種《しゅじゅ》の宝幢《ほうどう》をもって、乃至　また偈頌《げじゅ》をもって讃嘆《さんだん》して言《もう》さく、

（真宗聖典265ページ、『教行信証』信巻）

（現代語訳は第10講12ページを参照）

今一読した経文がアジャセの回心《えしん》をお説きになった一段です。回心ということは獲信《ぎゃくしん》、つまり信心獲得《ぎゃくとく》とも言います。アジャセの回心について、経文を見ると、一つは「無根の目覚め」、それからもう一つは「もろもろの衆生のために」の見開きの二つが注目されます。「無根の目覚め」は、「主体の獲得」です。そして「もろもろの衆生のために」の見開きは「他者の発見」というふうに押えることができるかと思います。この二つが、一つの回心の中身です。従来、回心といった場合、「無根の目覚め」のみが注目される傾向が強いのですが、経文を読めば、明らかにいま一つ、「もろもろの衆生のために」の見開きが出てくるわけです。それは「他者の発見」です。私はこの「他者の発見」の部分が、従来、アジャセの回心を取り上げた場合に、あまり注目されない形で過ぎているのではないかと反省させられます。

「もろもろの衆生のために」は横糸

両者の関係は、織物の喩《たと》えで言うと、縦糸と横糸の関係です。「無根の目覚め」は回心の縦糸になります。これは根本、中心であり、これなくしては何も成り立たない重さがあります。ところがその縦糸がしっかりと張られるところに、同時に横糸が織られる。横糸に当たるのが「もろもろの衆生《しゅじょう》のために」の部分です。

「主体の獲得」とはもっと平易に言えば「わたくしを賜る」ということでしょ。私たちは「わたし」とか「自己」とか言っていますけど、実は我々の日常というものは「わたくし」が不在なのです。自分がいないのです。没主体的で、いつでも状況に流されてしまうような生き方しかしていません。そういう私に、本当のわたくしになってくださるものを賜る。それが主体の獲得ということです。それを聞き開くことによって、同時にそこに他者の発見ということが離れないのです。このように、回心といわれるものの構造が二面になっているることにご留意頂きたいと思います。

前2回は「無根の目覚め」についてお話しをしました。そこで今回は、「もろもろの衆生のために」の関係について聞いていただきます。そのことをはっきりと聞いていただくために、復習の意味も兼ねて「無根の自覚」をあらためて押えておきたいと思います。

救われるとは負の状態が改善されることではない

この講座にご参加くださる方の一人が、「私は、親を殺して心身ともに落ち込んだアジャセがお釈迦様の教えに触れて救われたというが、どうして救われたのか。そこのところがとても関心が強く動くので、ぜひはっきり聞きたいのです」と漏らされました。当然のことと思います。ところが私はそういうお声を聞くと、ちょっと抵抗を感ずるのです。というのは、「救われた」という表現にひっかかってくるのです。何か負の状態が改善されたようなことをイメージされているようで。そうなるとちょっと誤解を生んでいくことになるのではないでしょうか。救われたということは、マイナスの状態が解消して改善されたということではありませんね。今まで心身ともに沈み切っていたアジャセがお釈迦様の教えに触れて「挙足一歩《こそくいっぽ》」した、ということでしょ。一足踏み出した。そのことを救われたというのです。つまり状況の変化ではなく、主体の転換です。言いかえれば、立脚地が転換したということです。そのことの他に救いということはないんです。

私たちは「救われる」というと、状況、状態の変化だと深く執われています。否、それしかわからないありかたです。苦しみから救われると言えば、苦しいという状態がなくなる、楽な状態に変わることが救いだと思い込んでいます。救いとはそうではありません。立脚地の転換なのです。自分の本当に依って立つところが知らされる、だから挙足一歩です。ここは眉唾《まゆつば》ものではありません、公明正大。

アジャセはお釈迦様の教えに遇って、無根の信の自分に目覚め、挙足一歩したのでした。それは繰り返すようですが難化の三機、難治の三病としてのアジャセが言いあてられ、しかもそれが一闡提《いっせんだい》なる罪の身に気づかされることに極まる出来ごとでした。

自我意識を立場とするな

その一闡提の中身は何かと言えば、高僧和讃の曇鸞《どんらん》章にあるように、「逆謗の屍骸」ということですね。死んでしまっているのです。そこまで言い切られている私たちの血路《けつろ》は、どこに開かれるのか。それが「大悲《だいひ》の弘誓を憑《たの》め」でした。聖典の271ページにはっきりと出ています。

ここをもって、今大聖《だいしょう》の真説に拠《よ》るに、難化《なんけ》の三機・難治《なんじ》の三病は、大悲の弘誓《ぐぜい》を憑《たの》み、利他の信海に帰すれば、これを矜哀《こうあい》して治《じ》す、これを憐憫《れんびん》して療《りょう》したまう。

（ここにいたって今、大聖釈尊の真《まこと》の説《おしえ》に拠《よ》れば、教化し難い三種の機、つまり治し難い三種の病にかかっている者たちは、大悲をもととしておこされた弘《ひろ》やかな誓いを憑《たの》みとして、利他の信海に帰すれば、これらの者を大いに矜《あわれ》み哀《かな》しんで治し、憐《あわれ》み憫《うれ》えて療《いや》してくださるのである。）

「大悲の弘誓を憑め。その他に道は無い。このこと一つだ」と叫んでくださっているのでした。この「憑む」は「よりどころとせよ」、自らのよって立つところとせよ、ということです。一闡提と押えられている今日のわたくし、自我意識で生きているわたくし、自我意識としての「われ」の道は、「大悲の弘誓を憑め」。それ以外にないということです。

ところがそう聞けば、それをまた自我意識でとらえて、「そう思わなきゃならん」とか「そのように心がならなきゃ駄目なんだ」と思う。それこそが自我意識を立場としているありかたなんでしょう。そうではなくて、自我意識を出よということ。それは自我意識とは異質な阿弥陀の本願を立場とせよ、自我意識を立場とするな、ということ。自我意識は無く

一闡提　断善根のこと。信不具足とも訳す。仏になる因がないものをいう。この場合アジャセを意味する。

大悲の弘誓　衆生の苦を救わんとする大いなる願いのこと。弥陀の本願のこと。

なりません。死によってしか終わらない病ですから、無くなるわけがない。けれど、本願を聞くということは、自我意識をよりどころとすることでなく、自我意識を出ることを言っている。

本願は自我意識とは異質な仏さまの智慧ですから、それを聞くことは、自我意識の私そのままに、私を出た仏様の智慧に立つこと。仏智に立つ。ですからそこには、思えるとか、思えんとか、そういう話じゃないんです。

私たちは、回心と聞くと、「回心しなきゃだめや」とか、「どうしたら回心できるのか」とか言って回心を追っかけだす。自我意識は分別《ふんべつ》を次から次と繰り出す。

そうじゃない。自我の分別《ふんべつ》を相手にしないということ、仏様の智慧を立場とする、それが明らかになった時アジャセは挙足一歩、立ちあがったんです。つまり現前の自分の事実・境遇と一つになる生き方が始まった。心がそう成った成らぬの沙汰じゃありません。これ以外にアジャセの救いはあり得ない。

挙足一歩、立ち上がったら、いかに今まで自分は自我意識を立場として、自我意識に振り回されておったか、ということが分かる。何を聞いても、「どうしたら、そうなれるんですか」とか「そんなふうには私はなれん」とか、みな分別するばかりですね。

私心に立つか、仏心に立つかが常に問われている

立脚地の転換とは、自我に立つあり方が、仏智に立つあり方に転換することでした。一闡提に立場した生き方が、仏様の智慧、大悲の弘誓を立場としたあり方にひっくり返るとはこのことを言うのでした。私心に立つか仏心に立つかが常に問われている。まさに主体の転換です。

同朋奉讃式《どうぼうほうさんしき》にも入っている『阿弥陀経』の御和讃に、

恒沙塵数《ごうじゃじんじゅ》の如来は　万行《まんぎょう》の少善きらいつつ
名　号《みょうごう》不思議の信心を　ひとしくひとえにすすめしむ（真宗聖典486ページ）
（十方の無量の諸仏如来は、万善諸行を少善根として嫌い、名号の不思議を信ずる他力の信心を、一切の衆生に斉しく一筋に勧め給う。）

と詠われていますが、万行の少善とは雑行《ぞうぎょう》です。私心に立った努力善根。雑行に立つのか、

同朋奉讃式　多くの人と唱和し教化する意図のもと、昭和32年に同朋奉讃式第一第二を制定した。

雑行　阿弥陀仏以外の仏の名号を称えたり、たたえたり、礼拝したりなどすること。

名号不思議の信心、南無阿弥陀仏に立つのか。つまり私心に立つのか、仏心に立つのか、お前どうなんだと、問われているのです。十方の諸仏如来から私たちはつねにそれが問われている。お前は、雑行に立つのか、念仏に立つのか、どうなんだと。現実のさまざまな問題を通してそれが問われている。それを告げる御和讃ですね。

恒沙塵数の如来というと、ありがたいお人ばかりと考えがちですが、そうは言えない。森羅万象《しんらばんしょう》、すべての現象と言ってよいでしょう。私にとってソフトな出来事もあれば、ハードな出来事もある。硬軟両面の出来事に我々は会っているわけでしょう。そのこと全体が常に、「お前は万行の少善に立つのか、名号不思議の信心に立つのか、どうなんだ」と、私の立脚地がいつも問われておるんじゃないですか？

だから選挙でもそうです。「お前、どこに立つのか？　どういう世の中にしたいと思っているのか？　どういう日本の国にしたいと思っているのか？」と、問われているんです。だから選挙も、十方恒沙の諸仏のお一人ですわ。そこを皆さん、身近にお受け止め願いたいと思います。

我々は一闡提、難治の三病を抱えています。死によってしか終わらない病です。生きている限り引きずる病を抱えた我々が、私心に立つか、仏心に立つかという選びがつねに問われているのです。不治の病を引きずっているからこそ、それがいつも問われているのです。ですから「選び」はつねに「今」です。一念の反復とはそれです。選び直しという形の選びの確認でしょ。「私はこうなりました」と言えない、言わせない、わが事実があるからです。

「もろもろの衆生のために」の新しい視点

本当にここにはアジャセの目覚めの核心が込められています。そういう見開きにおいて、新しい関係が始まるのです。

その新しい関係は、聖典の265ページにあります。

仏の言《のたま》わく、「大王、善いかな、善いかな、我いま、汝《なんじ》必ずよく衆生の悪心を破壊《はえ》することを知れり。」「世尊、もし我審《あきら》かによく衆生のもろもろの悪心を破壊せば、我常に阿鼻地獄《あびじごく》に在りて、無量劫《むりょうこう》の中にもろもろの衆生のために苦悩を受けしむとも、もって苦とせず。」

ここに、「もろもろの衆生のために」という視点が生まれてきています。そして「衆生のもろもろの悪心を破壊する」という言葉が出て来ます。

悪心に対しては善心があります。聖典の260ページ終わりから3行目に、

大王、諸仏世尊《しょぶつせそん》、もろもろの衆生において、種姓《しゅしょう》・老少・中年・貧富・時節・日月《にちがつ》・星宿《しょうしゅう》・工巧《くぎょう》・下賤《げせん》・僮僕《どうぼく》・婢使《ひし》を観《み》そなわさず。ただ衆生の善心ある者を観そなわす。

（大王よ、諸仏世尊は、もろもろの衆生に対して、血統、年齢、貧富、時節・日月・星のめぐり合わせなどの差、および工巧《たくみ》を業《なりわい》としている者、下賤の者、召使いの少年、召使いの女子などの位の差で人を観ていらっしゃるのではなく、ただ、すべての衆生の心の中にある善心を観ていらっしゃるのです。）

このようにあります。仏陀は人を見るのに、家柄だとか血筋だとかを一切問題になさっていない。ただ善心だけを見ていらっしゃる。善心とは求道心、菩提心でした。道を求める心。真理を追究する心。皆さん方わたしたちの聞法心です。法を求め、聞く心、それのみを仏陀はみそなわす。他のものは一切関係ない。

こういう仏陀の精神からすると悪心とは何でしょうか？　道を求める心の逆でしょ。いよいよ人間を流転に駆り立てる、そういう心、あり方を指しています。ひっくるめて言えば私たちの煩悩と言ってよいのですが、五逆謗法《ごぎゃくほうぼう》です。人間関係の基本になる大切なも

のを踏みにじる、関係の破壊《はかい》です。それはどうして生じてくるか、と言えば、真理をないがしろにしているからだと。

世間の欲心のみで生きているあり方から、真理に謙虚であろうとする心、姿勢に。悪心を転じて善心を開く。そこに仏のお仕事があるのでしょう。アジャセは仏陀の教えに遇うことによって初めて、「もろもろの衆生のために」という視点が生まれてきた。ということは、欲心のみで人生を見ていくあり方から、人間にとって何が一番大切か、そのことが一点はっきりしてきたということでありましょう。人々の悪心を破って善心を生ぜしむることとは、その視点の開けを意味することでありましょう。

それを受けて、人々が悪心を破って、真実に道を求める志に立ってくれるのであれば、無量劫の間、阿鼻地獄（無間地獄）に落ちて苦悩しても私はそれを苦悩とはしない、後悔はしないと。すごい言葉になりました。

今まであれほど地獄を恐れ、どうしたら地獄から逃れられるかとバタバタしていたアジャセが、ついにお釈迦様の教えの核心に触れた。その言葉に、アジャセ自身が驚いているわけです。伊蘭《いらん》の種から栴檀《せんだん》の芽が生えたようなものだという言い方は、そこを表しているのでしょう。ここに初めて、アジャセの上に他者、世間に対する視点が開けた、これはとても重要なことです。

「さとり」は個人の出来事ではない

「主体の獲得」＝「無根の目覚め」を、私たちは無意識のうちに単なる個人の心境の変化として、個人の意識内に閉じ込めていないでしょうか。自分の胸の中の出来事として抱えてしまっていないか。私たちの日頃の仏法の聞き方とは、そういう聞き方になっているのでないか。すでに一言したように、自己の目覚めは同時に他者・社会への目覚めです。そういう眼《まなこ》を賜ったということが、「主体の獲得」の具体的な姿と訴えてくださっています。

アジャセはそれまで、自分の事しか考えていなかった。それは道を求める道中ですから、善いとか悪いとかじゃありません。自分の苦しさのあまり、楽になる道を追い求めたのです。それがついに仏陀の教えに遇うことによって、ひっくり返った。

仏教で言う「さとり」とは、決して単なる個人的出来事じゃないんですね。

人間は、人の間と書くように、関係存在です。あらゆる関係の総合体として生きてあるわたくし、そのわたくしが救われるということは単に私だけではないのです。関係と共に歩ませていただいていく仏道なのです。このことをアジャセはここで発見したわけです。

自分一人が助かることしか考えていなかったが、本当に聞いてみたら、そうではなかった。「共に」。この転換です。それを単なる一人のさとりのごとくに、私たちの自我意識は錯覚しているわけです。だからそこから出られないのです。

確かに「親鸞一人《いちにん》がためなりけり」という厳しさがあります。誰とも代わってもらえない、やり直しのできない、ただ一回限りの人生を今ここに生きてあるという厳しさからいって、「一人《いちにん》」です。だが、その一人に与えられた目覚めは、「私だけ」というものでは決してない。「共に」、そういう広やかな世界です。自分が救われたらいいんだ、というそういう話じゃありません。

ご利益信仰は「罪」である

例をとりますと、浄土真宗はいわゆる現世利益《げんぜりやく》を説かないということは、皆さんもお聞きの通りです。いわゆるご利益信仰、これを信じたら病気が治るとか、商売が繁盛するとかという現世の利益《りえき》を真宗は説きません。何故なのか。

時折私は「浄土真宗ではそういうが、人間であるならば、生きとる限りこの世の利益を求めないって、そんな人がおるんですか？　病気になったら治りたい。喧嘩をしたら仲良くなりたい。絶えず状況を好転させたいというものを持っているんじゃないですか。にもかかわらず、なぜ浄土真宗はそれを切るんですか」と言われることがあります。

皆さん方それに対してどうお答えになりますか？「人間なら当たり前じゃないか」、そのとおりだと。

皆さんご経験済みですね。子供が、孫が、明日学校を受験する、就職試験を受けるということになれば、前日のお夕事の時に、「なんまんだなんまんだ。どうか明日、孫が受かりますように」（堂内笑）それやらない人はいないでしょうね。じゃ、なぜそれを切るのだ、と。こういうおただしです。

そこです。それは罪だからなのです。いわゆる現世の利益を追求することは罪であることを教えてくださっています。

「明日孫が受かりますように」とやるでしょう。隣の子はどうでもいい。（堂内笑）よその子は視野に入っていないんでしょう。わが孫さえ受かってくれたらいいんですわ。それを鬼と言います。だから現世の利益を追求するということは、恐ろしいことなんです。ご利益信仰が世に行われることはまさに公害だと私は思うんです。自分さえよければよい、ということですから恐ろしいことです。人間世界の破壊、破滅でしょ。

　アジャセはそのことが分かったのです。自分が罪の存在だということが知らされたということにおいて、この罪が分かった。自分さえ救われたらいいという、自分のことしか考えないこういう在り方が鬼なのだと、これこそが仏道に反する一闡提《いっせんだい》だということを。だから一闡提の問題がより具体的になったんです。

　浄土真宗はいわゆるご利益信仰は説かない。そうです。罪だから。そこに初めて、「共に」という、この道を私たちに教えてくださっているんです。皆さん方何気なく、ご利益信仰を言ったり、聞いたり、あるいは自分もしたり。けれど、とんでもないことをしているのですね。そこには自分の都合ということしかないのですから。

　アジャセはお釈迦様の教えに触れて、そのあり方があぶり出されたと言えましょう。ですから、今まで視野になかった他者がはっきりと見えてきた。

他者は私のあり方を常に問うてきている

　先ほどの経文のところ、２６５ページに

　その時に摩伽陀国《まかだこく》の無量の人民《にんみん》、ことごとく阿耨多羅三藐三菩提心《あのくたらさんみゃくさんぼだいしん》を発《おこ》しき。かくのごときらの無量の人民《にんみん》、大心を発《ほっ》するをもってのゆえに、阿闍世王所有《しょう》の重罪、すなわち微薄《みはく》なることを得しむ。

ここでアジャセは摩伽陀国の無量の人民が見えてきたわけです。今まで全く気が付かなかったけれども、この人々によって自分は支えられ生かされてきていたのだということが見えてきた。だからこそ他者は自分に関係がないのではない。関係ないどころか、わたくしのあり方を常に問うてきておるところのものでした。「お前は、どこに立場して生きているのか」「お前はどこに立ってこの現実にかかわっていくのか」と、常に他者からこちらが問われている。無量の人民から自分の立脚地、どこに立って生きていくのかが問われているということに、アジャセは気が付いたんですね。

「それは政治の問題でしょ、経済の問題でしょ」「それは娑婆の話で、仏法には関係ないでしょ」なんて、それこそ全然道理にはずれているでしょ。無量の人民が私の仏道を支え、私の仏道を育《はぐく》んでくださるのだという、その視点が見えてきたわけですね。これを私たちははっきりさせなければなりません。

実は「無量の人民」はもともといた

アジャセは「挙足一歩」と立ち上がったことにおいて「無量の人民」が初めて見えてき

たんです。もともと「無量の人民」はおったんです。

御和讃に

釈迦弥陀《しゃかみだ》は慈悲の父母《ぶも》　種種《しゅじゅ》に善巧方便《ぜんぎょうほうべん》し

われらが無上の信心を　発起《ほっき》せしめたまいけり（真宗聖典496ページ）

（釈迦は慈父、弥陀は悲母として、種種に適切な方法を以て我々を導いて、我等が信心（仏の無上智慧の現われとしての）を発起させ給うた。）

という歌がありますが、この「発起」に親鸞聖人は一字ずつ左訓《さくん》（左仮名）をつけてらっしゃいます。

「昔よりありしことをおこすを発という。いまはじめておこすを起という。」

今初めて起こったことによって、昔よりありしものが見えてきたんです。

子どもの頃聞いたお説教では、こんなふうに言われていました。

左訓　左仮名のこと。漢字の左側につける振り仮名で、右に読み方、左に意味を示すことが多い。親鸞聖人の場合、和讃や教行信証などに用いられている。

「覚めたとき　初めてきたと思うなよ　宵から添える母の手枕」

これも発起ということを教えてるんじゃないですか。今、気が付いたけれども、気が付いた時に初めてそうなったのではなくて、すでにということです。ですから「無量の人民」についての表し方もそういうお心でないでしょうか。

私は近年、「社会の問題と真宗門徒」ということを提起しているのですが、実はこのことなんです。視野の中に他者が入ってこないような見開きというものは、真の回心とはいえないのではないでしょうか。それこそ自力の信といわれなければならないのだろうと思います。私たちは関係存在ですから、他者を抜きにして今日の私は成り立たないのです。ということは、私の仏道も他者を欠落させて私の仏道の成就ということはありえない。そういうことをアジャセの回心のところから改めて学ばせらる次第です。

「宗教的思想的集団であらねばならない」

真宗大谷派の宗務総長を務められたこの勝光寺の前住職の能邨英士《のむらえいし》師が残された言葉ですが、「大谷派が命としているのは同朋会《どうぼうかい》運動を推進することである」ということを押えて、「大谷派の宗門は現代社会において、宗教的思想的集団であらねばならない」とおっしゃいました。私は最近この言葉に大変注目しております。大谷派宗門といえば信仰集団だと、誰しもが思うところですが、ここでは「宗教的思想的集団」とおっしゃっています。信仰集団に違いないけれども、あえてこの言葉を言い続けられた重さを感じます。

思想と信仰は言葉の上では違います。思想は信仰ではありません。ところが真の信仰は必ず思想にまで具体化されなければならない、とこう申し上げねばなりません。思想とは私たちの生活の場における、ものの見方、受け止め方、行動のしかた、生活の場における感覚と発想、そこまで具体化しなければ、真の信仰とは言えない、ということでありましょう。わたくしの生き方を限定してくるところに、思想の重さと厳しさがあります。信仰が信仰だけであったら、単なる胸の中の思いで終わってしまうことになりかねません。ところが真の信仰であるならば、必ずそれは具体的に生活の場に表れる、ものの見方、考え方、

宗務総長　真宗大谷派の代表役員であり、宗務を執り行う責任者。最高決議機関である宗議会（僧侶代表）と参議会（門徒代表）の指名によって選出される。

能邨英士　1932―2008。元真宗大谷派宗務総長。小松勝光寺前住職。同朋会運動の提唱者である訓覇信雄氏に師事し、真宗大谷派宗門の本来性に尽力した。

同朋会運動　1962（昭和37）年に当時宗務総長であった訓覇信雄氏によって提唱された信仰に基づく宗門改革の運動である。以来宗政の要として今日まで続けられている。

行動のしかたにまで具体化されなければならない。また、具体化されるものである、ということです。このことをここの前ご住職は強く言っていかれました。その意味を私たちはきちっと受け止めていかねばならないと思うのですね。

アジャセの回心を尋ねると、「もろもろの衆生のために」という視点が出てきました。これはまさに、今言った、「宗教的思想的集団であらねばならない」ということの具体的な教えではないかと思うのです。

社会の問題は私の信心を問うている

同朋会運動は出発から今日まで一貫して純粋な信仰運動です。聞法《もんぽう》の運動と言ってもよいでしょう。ところがこれを私たちは曲解《きょっかい》しているのです。「だから同朋会運動は、現実の社会の問題とは関係がないのだ」と、こういう受け止め方が支配的になってきていないでしょうか。これは全く同朋会運動の歪曲化でしょう。純粋な信仰運動だということは、社会の問題と関係がないということとは全然違うでしょ。

ということは、現実のこの問題は私の信心を問うているものだという感覚なんです。他者によって問われているということ。その感覚です。そこにおいては、「それは娑婆の話でしょう。お寺でそんな話、聞くことないでしょう」などとは、失礼ですが、どういう神経でいらっしゃるのかと、そういう気もいたしますね。政治の問題であれ、経済の問題であれ、教育の問題であれ、どんな問題であれ、わたくしの仏法を問うておる事柄だとして受け止める感覚です。と言うことは、さきにも一言しましたが、わたし自身の立脚地、何に立場して生きているのかを問うているものだということです。私心に立つのか、仏智に立つのかです。状況に流されるのか、主体的に状況を渡るのか、が問われているではありませんか。

一番分かりやすいのは選挙です。選挙は候補者を選ぶという形をとっていますが、実は自分自身の生き方を選ぶことじゃありませんか（『さっぽろ東本願寺』187号「雲龍柳」参照）。その意味で私の生き方を問う事柄ですね。Aの方に投票すれば、Aの方の掲げている国家、社会を自分は願っているということです。そういう社会を自分は願っているということでしょう。つまり自分の生き方を選んだということです。ここから考えていただいたら、どんな問題でも自分の生き方を明らかにするご縁なんです。単に他をあげつらって非難、中傷する話じゃありません。それは外道《げどう》です。

信心が基本になっていますから。信心は自己批判ですから、自己批判が基本になっているということは、他の問題が全部、私自身を問うている、私自身の意思表示です。「お念仏を聞いておる者として、私はこの問題にはこういう考えです」という意思表示です。それすら拒《こば》むということであったら、社会に生きる一人の人間としての責任が放棄されているのじゃないでしょうか。政策運動をやりましょうとか、具体的な形でもって運動をしましょうという話ではありません。私自身の受け止め方、その問題についてはこう受け止めています、と、仏さまの教えに照らした私の受け止め方です。そこは教えに遇うている者としては、きちんと言っていく責任があるのではないでしょうか?

念仏者としてどう反応するのか

いま世界中が怖れ、不安に覆われているテロの問題があります。先日、新聞の時事川柳にこういうのがありました。

「目には目を　歯には歯をでは　来ぬ平和」

まさにそうですね。状況がこうなってきたんだから、こうしなきゃいかんじゃないかと、そういう単純な発想は、仏陀の教えからすると、問い返さなくてはならんものだと思うのです。武力ではテロは無くなりません。まことにそうです。緊張関係に対応するやり方自体が、いよいよ緊張感をあおるように思えてなりません。

「戦中と戦後を生きて　今戦前」という川柳もありました。私の年代がまさにこれです。そこを問い返さなくてはならないのが仏さまの智慧ではないでしょうか。私たちは仏法に遇いながら、仏法のことは棚上げされてしまい、単なる世間知で善悪を言う浅はかさが照らされます。

「戦争の怖さも知らずラッパ吹く」というのもありました。他人事じゃないんですよ。そういうことを見るにつけても、お念仏に遇わせていただいておる者としてどう反応するのか、そこらが問われておるのじゃありませんか？　真宗門徒の責任を問われておると言ってよろしいと思います。

本当に目覚めさせていただいたら、今のこのアジャセで言うと、マガダ国の無量の人民が視野に入ってくる。本当に気付かせていただいたら、今まで夢にも思ってみたことのなかった広やかな世界、しっかりと見据えて行かなくてはならない世界がはっきり見えてくる。それが回心ということの具体的な証しではないでしょうか。そのことを抜きにすれば、回心といったところで、単なる個人意識内の出来事で終わってしまうのではありませんか。だから仏法聴聞の輪が広まりません。単なる自分の胸の中の思いでとどまっておれば、外からは見えませんから、輪が広まりません。

皆さん方がお寺に足を運んで何を聞いてらっしゃるかということが、家族の人に見えていますか？　お寺で何を聞いておるんかなあと、そんなふうにしか家族の人に見えていないのじゃないでしょうか。そうなら輪の広がってゆきようがありません。

回心は更生、生き方が転換すること

回心は、一般の言葉で言えば「更生」でしょうか。生まれ変わることです。「暁烏敏《あけがらすはや》全集」に「更生の前後」という文があります。暁烏先生が目覚められたその前後の事を、赤裸々《せきらら》に綴っていらっしゃる白眉《はくび》の部分ですけれども。回心ということは更生、生き方が転換すること。ものの見方、考え方が転換する。したがって生活の中では、日常、家族と何かを話していても、それが顔を出しますから、「うちのお母さん、このごろちょっと変わったことを言うぞ」というように、「私たちにはないものが、おかあちゃんには出て来る」と感じて頂けることが当然起こってくるわけです。それが更生です。

アジャセの回心は「無根の信」という縦糸と、「もろもろの衆生のために」という横糸で織りなされている更生の告白なんです。それを皆さん方とうかがってきた次第です。

夢にも思わなかった世界を知らしめられた喜び

今日初めに読みました経文のアジャセの回心の文章の次には、偈頌《げじゅ》でもって詠われています。これは目覚めさせられたアジャセが目覚めさせてくださった仏陀を讃嘆《さんだん》するわけです。その偈頌の中ほどに、こんな言葉が出てきます。

如来、一切のために、常に慈父母《じぶも》と作《な》りたまえり。
当《まさ》に知るべし、もろもろの衆生は、みなこれ如来の子《みこ》なり。
（如来は、一切のもののため　いつも慈父母となりませり
もろもろの　衆生はまさに知りぬべし　みなこれ如来の子どもなり）

そういう言葉があって、偈文のお終い近くに、

暁烏敏　１８７７―１９５４。真宗大谷派僧侶。清沢満之に師事し浩々洞に入り、仲間とともに『精神界』を発刊した。石川県にある明達寺に戻ってからも多くの人に影響を与える。また晩年真宗大谷派宗務総長に就任し財政を回復させた。

我いま当《まさ》に獲《う》べきところの　種種《しゅじゅ》のもろもろの功徳、
願わくはこれをもって、衆生の四種《ししゅ》の魔を破壊《はえ》せん。

我悪知識に遇《お》うて、三世《さんぜ》の罪を造作《ぞうさ》せり。

いま仏前にして悔《く》ゆ、願わくは後《のち》にまた造ることなからん。

願わくはもろもろの衆生、等しく　ことごとく菩提心を発せしむ。

心を繋《か》けて常に、十方一切仏《じっぽういっさいぶつ》を思念せん。

また願わくはもろもろの衆生、永くもろもろの煩悩を破し、
了了《りょうりょう》に仏性を見ること、猶妙徳《なおみょうとく》のごとくして等しからん、と。（真宗聖典267ページ）

（いままさに我《われ》が獲るべきさまざまなあまたの功徳、これをもて願わくは衆生の心まどわす四種の魔をことごとく退治せん。我悪友に遇いしため、三世の罪をつくりたり。いまし我、仏の前《みまえ》で懺悔せり。願わくはまた後の世で罪つくることなきように、願わくはもろもろの衆生平等に菩提心をば発《おこ》さしめん。心を常にそこにかけ、十方の一切の仏を思念せん。また願わくは衆生が永《とわ》に煩悩破りすて、あきらかに仏性見ることは、文殊《もんじゅ》菩薩と等しからん。）

人間にとって最も大切なことは、先ほどの言葉で言えば、「悪心を破って善心を開くこと」

です。世間心に流されていく生き方を転じて、菩提心、仏道を行く、その志に立つ、そのことを常に私たちに開いてくださるご苦労が諸仏菩薩のご苦労だということを讃嘆しておられるものです。そして最後のところには、そのように讃嘆されたお釈迦様が今度は逆にアジャセを讃嘆する、これはお言葉は短いのですけれども、そのお言葉でもってアジャセの回心の経説が結ばれています。アジャセが、夢にも思わなかった世界を知らしめられたという喜び、驚きが、讃嘆の歌に表現されていることを強く感じます。

以上、「アジャセの回心」ということで3回にわたって個々の経文に注目してきました。アジャセの回心が、前段においては「無根の自覚」「立脚地の転換」が重く語られていました。ところが、後半はそれによって「もろもろの衆生のために」が開かれています。これが従来、アジャセの回心を云々《うんぬん》しつつも、なにか見流してしまうというか、その重さが顧みられずに終わっていたのじゃないかと、私自身反省させられていることを強く申し上げた次

四種の魔　仏道を妨げる4つのもの。心身を悩まし乱す煩悩（ぼんのう）魔、身体の苦悩を生じる五蘊（ごうん）魔、生命を奪う死魔、善行を妨げる天魔

悪知識　悪法や邪法を説いて仏道以外の道へ誘うひと。

三世の罪　過去現在未来を通しての罪のこと。

第です。

今日申し上げたことは、浄土真宗の御信心が、どういうあり方を開くかを、とくに提起したことでありますので、皆さん方には重く受け止めていただきたいと念じあげます。

（２０１６年９月10日、小松市の真宗大谷派勝光寺にて）

池田 勇諦（いけだ・ゆうたい）

1934（昭和９）年三重県桑名市に生まれる（父は小松市瀬領町出身）。東海同朋大学（現・同朋大学）仏教学部卒業。大谷大学大学院博士課程満期退学。同朋大学教授、同・学長を歴任して、現在は同朋大学名誉教授。真宗大谷派「講師」。三重教区・西恩寺前住職。著書に『改悔文考察―真宗教化学の課題―』『御文勧化録』『真実証の回向成就―証文類述要―』『真宗の実践』（東本願寺出版部刊）『親鸞から蓮如へ』（筑摩書房刊）『真と偽と仮』（樹心社刊）他多数。

仏教の救い　4
―アジャセ王の帰仏に学ぶ―

発行日　2017年1月25日

著　者　池田勇諦

発　行　北國新聞社出版局

〒920 － 8588
石川県金沢市南町２番１号
TEL 076 － 260 － 3587（出版局）
FAX 076 － 260 － 3423
電子メール　syuppan@hokkoku.co.jp

ISBN978-4-8330-2086-2